高校野球界の監督《スペシャリスト》がここまで明かす！

野球技術の極意

大利 実

TEAM

BATTING

PITCHING

BASE RUNNING

FIELDING

CATCHER

TRAIN THE BODY

KANZEN

はじめに

人間は誰もが、得意分野を持っている。

高校野球の指導者にも似たようなことが言えるのではないだろうか。

バッティング指導に情熱を燃やす人もいれば、ピッチャー指導に自信を持つ人もいる。たとえば、「この学校は右打ちのスラッガーが育ちやすい」といった傾向は、高校野球に詳しい人であれば感じたことがあるだろう。一方、「能力の高いピッチャーが入学したのに、ピッチャーがなかなか育たない」という場合もある。

本来、ひとつの組織として考えたときには、プロ野球のように「監督」「ピッチングコーチ」「バッティングコーチ」「守備コーチ」「走塁コーチ」と、その分野に長けた指導者を置くのが理想といえる。ただ、高校の野球部は学校の中での活動であり、現実的には難しく、予算も限られている。

ならば、各分野の育成に長けた監督——いわば〝スペシャリスト〟——に集まってもらい、1冊の本にまとめることができれば、野球の技術全般を学ぶことができるのではないか。そう思ったのが、この本を企画したきっかけとなっている。

題して、『高校野球の監督《スペシャリスト》がここまで明かす！　野球技術の極意』。

高校球界で活躍するスペシャリスト7人、そしてプロ野球選手3人を取材し、野球技術の極意に迫った。

●チーム作り＝大阪桐蔭（大阪）西谷浩一監督
●打撃＝明秀日立（茨城）金沢成奉監督
●投手＝花咲徳栄（埼玉）岩井隆監督
●守備＝明石商（兵庫）狭間善徳監督
●捕手＝日大藤沢（神奈川）山本秀明監督
●走塁＝健大高崎（群馬）青柳博文監督
●体作り＝山梨学院（山梨）吉田洸二監督

以上のようなラインナップとなった。

まずは、今春センバツを制し、自身6度目の日本一を成し遂げた大阪桐蔭・西谷監督である。「全国からいい選手を集めているんだから、勝つのは当たり前でしょう」という声も聞こえてくるが、負けたら終わりの高校野球はそんなに甘くはない。組織のトップである西谷監督の信念がしっかりしているからこそ、勝ち続けることができている。

光星学院（現・八戸学院光星）で坂本勇人（巨人）らを育てた金沢監督は、この春に明秀日立の監督としてセンバツベスト16進出。右投右打の長距離砲を育てる手腕に定評がある。

花咲徳栄・岩井監督は、2016年夏に甲子園優勝。恩師であり「投手作りの名人」ともいわれた稲垣人司氏（元花咲徳栄監督など）の影響を受け、ピッチャー育成のメソッドを作り上げた。

明石商の狭間監督は、前任の明徳義塾中で全国中学校軟式野球大会を4度制覇。鉄壁の守備で、軟式特有のロースコアの接戦をモノにしてきた。明石商では2016年センバツベスト8。近年の高校野球は「強打」がトレンドになっているが、守備重視の戦いを見せている。

日大藤沢・山本秀明監督は、プロ野球界のレジェンド・山本昌氏（元中日）の実弟だ。兄がピッチャーであれば、弟はキャッチャー。三菱自動車川崎のキャッチャーとして、日本選手権優勝の実績を持つ。キャッチャー指導に長け、大学野球やプロ野球に教え子を送りこんでいる。

『機動破壊』をスローガンに、2010年代の高校野球で一時代を築いているのが健大高崎だ。青柳監督を中心に、『機動破壊』を作り上げるキーマン3人に直撃した。

山梨学院・吉田洸二監督は、前任の清峰でセンバツ優勝。トレーニングと食事による体作りに定評があり、短期間で高校生の体を強く、柔らかくしていく。山梨学院でも2年連続で夏の甲子園出場と、実績を重ねている。

そして、プロ野球界からは、侍ジャパンでも活躍を見せる山川穂高(西武)、今永昇太(DeNA)、田中広輔(広島)の3選手に登場してもらった。はたして、どのような考えで、技術を究めているのか。プロ野球選手ならではの研ぎ澄まされた感覚と思考を明かしてくれた。

最後のページを読み終えたとき、「この練習を試してみよう!」と前向きな気持ちでグラウンドに向かう選手がひとりでも増えたら、これ以上の喜びはない。技術向上につながるヒントを、ひとつでも届けることができたら幸いである。

高校野球界の監督《スペシャリスト》がここまで明かす!
野球技術の極意　目次

第四章　守備　明石商　狭間善徳監督　133
野球の「基礎」は守備　勝ち上がるためには絶対に必要なもの

第五章　捕手　日大藤沢　山本秀明監督　157
投手を理解し、力を最大限に引き出す

第六章　走塁　健大高崎　青柳博文監督　183
データと組織力に裏打ちされた「機動破壊」の真髄

プロの極意　走塁技術　広島東洋カープ　田中広輔　215
「失敗」という経験が走塁技術を上達させる

第七章　トレーニング（体作り）　山梨学院　吉田洸二監督　233
トレーニングは体だけでなく土壇場でのメンタルの強さも作る

動 このアイコンがついている練習メニューは
動画で確認することができます。
https://www.baseballchannel.jp/etc/48387/

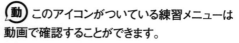

第一章

大阪桐蔭

西谷浩一 監督

「チーム作り」

「日本一」は意識して、声に出して、目指してこそ達成できる

今春のセンバツを制し、自身6度目の日本一を成し遂げた西谷浩一監督。この夏は史上初となる2度目の春夏連覇が懸かる。いかにして、勝ち続ける組織を作っているのか。そのチーム作りに迫った。

西谷浩一の「チーム作り」とは？

一　「日本一」を目指す風土を作る

野球だけでなく、あいさつや寮生活、すべてで「日本一」を意識することが重要。高校ラグビーや社会人野球など他競技、他カテゴリの「日本一を決める試合」を見ることで、雰囲気を知ることも大切。

二　「目標」は意識して口に出す

どんなに高い目標でも、まずは意識的に口に出して周囲に伝える。ハッタリでも構わない。まず、大人が口に出してその気になることで、選手たちも乗っていける部分が大いにある。

三

「個」の成長が「チーム」の成長につながる

最終的にはチームとしての戦い方、強さが求められるが、それ以前に「個」が強くなり、機能していなければチームは強くならない。強い「個」があるからこそ、それが集まったときにチームとしての力が生まれる。

四

チャンスはなるべく平等に与え、ベクトルを自分に向けさせる

最大3チーム作って別々に練習試合を組むなど、なるべく全選手に平等に実戦の機会を与える。こうすることで、たとえメンバーに選ばれなくても「他人」のせいにするのではなく「自分」にベクトルが向き、課題に向き合うことができる。

五

春と夏は別物。一度リセットしなければ通用しない

センバツと夏の大会はまったく違う山。たとえセンバツの結果が良くても、夏はその延長線上とは考えない。春のことは一度すべて捨てて、夏に向けてイチからスタートを切ることが大切。

「日本一を目指す風土」を作り続ける監督の差で負けた駒大苫小牧との準決勝

――取材テーマはチーム作りです。西谷監督就任後、甲子園通算49勝9敗、全国制覇6度と、圧倒的な強さを見せる大阪桐蔭のチーム作りの秘訣を探りにきました。

西谷　語れるほどのものは何もないですが……、よろしくお願いいたします。

――大阪桐蔭といえば、野球部だけでなく、ほかの部活動も強いことで知られています。2017年度は、女子バスケットボール部がウインターカップで初の日本一に輝くと、ラグビー部も花園で準優勝に輝きました。花園の決勝は野球部全員で応援に行ったそうですね。

西谷　花園ラグビー場は学校からすぐに行けるので、決勝戦は毎年のように観戦に行っています。今年もうちの学校が勝ち上がっていなくても、野球部で見に行く予定でいました。

――他競技を見る意図はどこにありますか?

西谷　日本一を決める決戦を、自分の目で見るということです。秋には京セラドームで開催される日本選手権（社会人野球）の決勝を見に行くこともあります。やはり、決勝戦は独特の緊張感があるものです。高校ラグビーの決勝は前半に雨が降っていて、非常にコンディションが悪い中での戦いでした。お互い、どうしてもミスが出てしまう。その中でいかに粘って戦うことが大事か。選手たちも野球ノートに感想を書くのですが、それぞれの視点でいいことを書いていましたね。

――ただ試合を見るだけでなく、自分たちのチームにどう生かすかが大事になってくると。

西谷　チーム作りの話につながっていきますが、私が大事にしているのは「日本一を目指す風土を作る」ということです。グラウンドはもちろんのこと、寮でも、学校でも、常に日本一を意識する。戦力があるから日本一を狙うのではなくて、どんなときでも狙っていく。そのためにも、日本一を決める戦いを見て、いろいろなことを感じてほしいのです。日々の練習の中では、「日本一のキャッチボール」「日本一のあいさつ」「日本一の寮生活」など、意識して「日本一」という言葉を使うようにしています。

――あいさつや寮生活も日本一を目指す。

西谷　野球は人間がやるスポーツですから、ただ能力が高いだけでは勝ち続けることはできません。品行方正である必要はありませんが、しっかりとした生活を送ることによって人としての強さが生まれてくる。精神的に未熟な高校生だからこそ、人間的な部分が成長していけば、チーム力も上がっていくと思っています。

――「日本一を目指す風土」という考えはいつ頃から生まれたのでしょうか。

西谷　平田（良介／中日）や辻内（崇伸／元巨人）がいた2005年の夏に、甲子園の準決勝まで勝ち進みましたが、あのときは甲子園に出場することが目標で、日本一という目標は具体的には描けていませんでした。

――学校としては、初優勝を果たした1991年夏以来となる甲子園ベスト4入り。準決勝で駒大苫小牧に敗れましたが、個々の能力は高い世代だったように思います。

西谷　あの試合は、完全に監督の差で負けました。香田（誉士史）監督（現・西部ガス）の采配の前に何もできず、率直に「香田監督、すごいな」と思いましたね。年下の監督をそう思ったのは初めての経験です。攻撃的な采配で、予想外なところで仕掛けてこられた場面もありました。継投も見事で、8回のピンチで香田監督が送ってきたのは予想していたのとは違うピッチャー（吉岡俊輔）。香田監督は前年夏に日本一を成し遂げていて、日本一を見ながら戦っていたように感じました。

「日本一」を意識して口に出す ハッタリで選手を乗せていく

――その頃の西谷監督には、日本一に対する強い思いはまだなかったのですね。

西谷　まだそこまで考えられませんでしたね。このとき、1年生に中田翔（日本ハム）がいたんですが、残り2年間、中田の在学中に何としても日本一になりたいという思いはありました。でも、自分が思っているだけで口には出していなかったんです。結局、中田がいたときも日本一にはなれず、中田の最後の夏は大阪大会の決勝で敗退。さらに、その秋は大阪大会でコールド負け。そのあとですね、当時の校長（森山信一先生）に声をかけられたんです。「監督は謙虚にやっているけど、『日本一になる！』ともっと言葉に出して言ったほうがええんじゃないか。そのほうが、子どもたちも気持ちが乗っていくと思う」。それまで、自分の中に変な美学なようなものがあって、まだ勝ったことがない人間が「目標は日本一」なんて言うものではないと。だから、校長に言われたときには、日本一になりたい思いはあるけれど、それを子どもたちに伝えているのかどうかわからないぐらいの感じでした。

――それだけ、「日本一」を意識して伝えてはいなかったということですね。

西谷　秋にコールドで負けたあと、私自身も何かを変えなければいけないと思っていました。年が明けた頃に、「次の夏に負けたら、勝てなかったときの大阪桐蔭に逆戻りをしてしまう気がする。夏はどうしても勝ちたい。ただ勝つのではなく、日本一にならなければいけない」とミーティングをしました。選手たちにも、「これからどんな取り組みをしたらいいか、自分たちでも考えてきてほしい」と言った記憶があります。その後、キャプテンが「日本一になるためなら何でもやります。休みがなくてもいい。とにかくやります!」と言ってきたのです。

——そこから、「日本一」と口に出すようになったんですか?

西谷 「夏の日本一」と意識して口にしたり、書いたりするようになりましたね。結果として、その年(2008年)の夏に初めての日本一。はじめは、関西人特有のハッタリもあったかもしれませんが、言い続けることは大事だなと思いました。校長からは「ハッタリでもええんや。大人がその気になって、子どもを乗せていかないかん」と言われましたね。

——その後、2012年に春夏連覇、2014年夏、2017年春、2018年春と日本一を成し遂げています。

西谷 すべてのことを日本一の物差しではかるようになっています。そういう目で見ているので、なかなか褒めることはありません。チームとして大きかったのは、2014年夏の日本一ですね。前年秋の大阪大会で履正社にコールド負けしたチームで、戦力的には決して高かった代ではありませんでした。

――2008年も秋にコールド（PL学園に敗退）で負けてからの、夏の日本一でした。

西谷　これは負け惜しみですが、選手に言ったのは「夏一本にしぼることができる」。夏に勝つことだけを考えて、チームを作っていきました。また、秋に負けたあとに、福島由登（2008年時のエース／青学大～ホンダ）がグラウンドに挨拶に来てくれたのも大きな出来事でした。「当時の話をしてほしい」と頼んだところ、「これで、夏一本にしぼれる。自分らもその気持ちで取り組んで、日本一になれた」と話をしてくれたようです。

――「ようです?」ということは、西谷監督は聞いていなかったんですか?

西谷　監督がいるとしゃべりづらいこともあるかなと思ったので、席をはずしました。その日のノートを見ると、「夏一本にしぼれる!」と前向きなことが書いてあったので、意味のあるミーティングになりました。

個とチームのバランスを考えた指導　他者ではなく自分にベクトルを向ける

――西谷監督のチーム作りを見ていると、「個」と「チーム」のバランスが非常にうまいと感じます。チームを重視しすぎると個が埋没してしまい、個を重視しすぎるとチームがまとまらないリスクもあると思いますが、シーズン通してどのような考え方でチーム作りを進めていますか。

西谷　大前提として考えているのは、個が強くなければ、チームは強くならないということです。最終的にはチームとしての戦いが求められますが、その前にあるのは「強い個の力」と言って間違いないでしょう。

——ラグビーのスクラムのようですね。強い個があるからこそ、強いスクラムが組める。

西谷　まさにそういう感じですね。うちの場合は1学年20名前後の部員数ということもあり、個を鍛えやすい環境でもあります。

——昨夏を振り返ってみると、仙台育英に逆転サヨナラ負けを喫したのが8月19日でした。

西谷　その日はホテルに泊まって、翌日の20日から練習がスタート。秋の大阪大会まで10日ぐらいしかなかったので、これまでのプレーを見ながら、ある程度のメンバーをしぼりながら練習試合にのぞみました。

——全員を見ている時間的な余裕がなかったわけですね。

西谷　新チームは部員41名。メンバーを外れた21名には、こんな話をしました。「お前らを見られていないのはわかっている。甲子園期間中に努力をしていたかもしれないけど、残り10日でチームを作って戦っていかなければいけない。大阪を勝って、近畿大会を勝ち抜けば、センバツが見えてくる。そうなれば、全員に甲子園で戦うチャンスが生まれてくる。だから、申し訳ないけど、センバツの切符をもらえるところまではメンバーのサポートをしながら、辛抱してほしい。秋が終われば、必ず優先的にチャンスをやるからな」。

――監督のその言葉があるのとないのとでは、モチベーションが変わるでしょうね。

西谷　昨秋は明治神宮大会まで出させていただきましたが、グラウンドに戻ってきてからは11月30日までほぼ毎日、練習試合をしていました。平日も近隣の学校とのナイターで、とにかく試合をやる。ときには、当日に「今日、試合お願いできますか?」と電話することもあります。メンバー20名の中にも出場機会が少なかった選手がいるので、彼らにも意識的にチャンスを与えました。これは毎年のことですが、最大で3チーム作って、それぞれが別の場所で試合をしています。

――1チーム14名ぐらいの編成ですか。ほとんどの選手が試合に出られますね。

西谷　Aはうちのグラウンドで3年生と紅白戦をして、BとCはほかの高校とやらせてもらいます。だいたい、ひとりの選手が70~80打席は立てるように試合を組んでいます。今年は12月に台湾で国際試合があったのですが、そこでは秋の公式戦でメンバーに入っていなかった1年生の宮本（涼太）が活躍してくれました。

「打撃」が注目されることの多い大阪桐蔭。冬場は1キロの金属バットでフリーバッティングを行うなど「体を使う」「遠くへ飛ばす」ことを意識した練習を行う。

選手数は多いが、なるべくすべての選手に平等にチャンスを与える。選手が自らの課題に向き合えるように導くのも、大阪桐蔭の「チーム力」の源だ。

――全選手にそれだけのチャンスを与える狙いは、どこにあるのでしょうか。

西谷　一番は、「ベクトルを自分に向けてほしい」ということです。試合に出られない理由を「あいつは監督に気に入られているから」とか「おれは嫌われている」と、他者にベクトルを向けているうちは伸びていきません。それが、試合で結果が出なければ、自分の力のなさがわかりますよね。そこで、「変化球が苦手で打てへんな」「パワーが足りんな」と自分にベクトルが向いていくようになります。こういう気持ちを持って、冬の練習にのぞんでほしいのです。

冬は徹底的に「個」を磨く「チームのことは考えなくていい」

――高野連の規定で、12月1日からは練習試合を行うことができません。いわゆる「アウトオブシーズン」に入るわけですが、この期間にはどんなことを重視していますか。

西谷　冬は徹底的に「個」を鍛える期間で、ひとりでも練習ができる強さを身につけてほしいと思っています。これは秋の公式戦が終わってから言うことですが、「これからはチームのことはまったく考えなくていい。自分のことだけ考えて練習をしなさい。同じポジションのやつと仲が悪くなってもいいし、口も利くな。さぼっているやつは助けなくていい。それぐらいの強いライバル意識を持って、自分を鍛え上げていこう」。

――メニューとしては自主練習が増えるのでしょうか？

西谷　それもありますし、チームとしての絡みの練習が極端に少なくなります。ノックをするにしても、連携プレーはほとんどやりません。個を高めることに集中することができます。

――監督としては、冬の練習はどういうところを評価するのでしょうか。

西谷　野球に対する取り組み方ですね。正しい努力ができているかどうか。極端な話をすれば、500回スイングをしても、その形が悪ければ500回下手になる練習をしているとも言えるわけです。数も大事ですが、それ以上に「正しい努力ができたかどうかをチェックしよう」と話しています。そのために、定期的に選手との面談を行っています。私と話すときもありますし、コーチとの面談の場合もあります。どういう目標があって、そのためには今何をしなければいけないのか。

――そこがずれていると、間違った努力になる可能性があると。

西谷　いきなり、「考えて練習をしなさい」と言っても、高校生の場合は難しい。しっかりと話をして、伝えたうえで、最終的には自分で取り組んでいけるのが理想だと思います。

――ただ、こうした評価は自分でやるものではなく、他者によるところが大きいですよね。

西谷 そのとおりですね。あくまでも評価は他者評価。そこで大事にしてほしいのが、練習パートナーの存在です。たとえば、ティーバッティングをするにはトスを上げてくれるパートナーが必要になります。そのときに、自分のフォームをしっかり見てくれる選手をつかまえておく。「ライバル同士で鍛えたくない」と思えば、内野手と外野手で組めばいいわけです。

――自分をうまくしてくれるのは誰か。「自分のことだけ考えて練習しなさい」という考えはあるなかでも、仲間をうまく使える選手が伸びていくのでしょうね。

西谷 そういうことになります。

――また、秋から冬にかけては、大会を終えた3年生の存在もあります。大阪桐蔭の卒業生は、大学1年生から試合に出ることが多いですが、3年生にはどのように接していますか。

西谷 次のステージに行くまでの半年は、とても大事な期間になります。3年生になれば、自宅から通える選手は自宅通学になり、練習は夜6時で終わり。メニューは何も言わずに自由です。ウエイトをしたり、室内で打ち込んだり、ノックに入ったり、各自のやりたいことに任せています。ぼくからお願いすることもあって、「シートバッティングで投げてほしい」「週末、紅白戦をやるから3年生でメンバーを決めておいてくれ」「あいつの守備を見てやってくれないか」と言うこともあります。

――この時期の3年生に求めるのはどんなことでしょうか。

西谷　木製バットへの準備や体作りという面もありますが、一番は自分で考えて練習に取り組めているかどうかです。それができている選手は、上の世界でも勝負ができている。何となく練習している選手には、しっかりと話をします。やっぱり、放ったらかしではなかなか気づきませんね。

高校野球には春と夏の山がある 山を下りなければ夏は戦えない

――センバツに出場した場合には、センバツから夏の大会までわずか4カ月しかありません。春から夏にかけてのチーム作りは、どのように考えていますか。

西谷　ミーティングでは「高校野球には春の山と夏の山がある。新チームから春の山を目指して登り、センバツが終わったあとには夏の山を登っていく」という話をします。ここで大事なのは、春の山から夏の山に飛び移ることはできない、ということです。2015

理想の打撃は「下半身の動力で打つ」。選手たちは自主練はもちろん、日ごろから技術進歩に高い意識で取り組んでいる

他校から指摘されることも多い、大阪桐蔭の「言葉の力」。関西特有の物おじしないメンタルに加え、選手「個々」の意識の高さも理由のひとつ

年のセンバツでは準決勝で敦賀気比に0対11で敗れましたが、ケガ人が複数出ていて、万全のコンディションではありませんでした。それもあってか、ある選手の野球ノートには「あとふたつ勝てる体力、技術をつけないと日本一にはなれない」と書いてあったんです。でも、これは大きな間違いだと思います。

——なぜでしょうか？

西谷　春と夏の山は、まったく違う山だからです。つなげて考えることはできない。春の山を一度しっかりと下りなければ、夏の山に向かうことはできません。

——「山を下りる」とはどういう感覚ですか。

西谷　「甲子園、よかったな」「あとちょっとで勝てたな」という思いを、一度すべて捨てることです。

——練習はセンバツで負けた翌日から再開ですか。

西谷　もちろんです。山を下りるためにも、次の日からスタート。体力的にへばっているときには、少し軽めにすることもありますが、翌日に練習をするようにしています。たとえ、1週間休んだからといって気持ちが前向きになるわけではないですから。それに、ほかの学校はもう夏の山を登り始めているわけで、センバツで勝てば勝つほど夏の山は険しくなります。

――夏の山に向けて、もう一度冬のトレーニングに戻ることもありますか。

西谷　戻りますね。というよりも、ウエイトトレーニングも走り込みも、シーズン通してやっています。もちろん、その時期によって負荷は変わっていきますけど、1年中やることに意味があると思います。

――単純な走り込みというのはどの程度までやっていますか。

西谷　冬場によくやるのが、タイムトライアルです。グラウンドを大きく一周走ると、だいたい330メートルになります。これを時期にあわせて10周走ったり、5周走ったり、必ずタイムを測定して、自己ベストを目指すようにしています。あと、新入生の話をすると、入部した4月から7月までは学校からグラウンドまで走ってくるのが伝統です。

――登り坂が多い、結構険しいコースですね。

西谷　ランニングでだいたい20分。そこで基礎体力をつけていきます。

関西人特有のハッタリも活かす本気の本気で日本一を狙う

――技術についても教えてください。大阪桐蔭といえばバッティングがクローズアップされることが多いですが、打撃編（P37から）に登場する明秀日立の金沢成奉監督が、「西谷監督はバッティングのタイミングをどうやって教えているのか。大阪桐蔭のバッターは、軸に乗って準備するのが早い」と興味を示していました。

西谷　たぶん、田端（良基）や笠松（悠哉／立大〜ヤマハ）のタイミングの取り方を言っていると思うんですが、あれは理想型ではないんです。ふたりが目立っていたので、結構似たような質問を受けました。あの打ち方では、緩急にどうしても弱くなってしまいます。

——最初からガチッとトップを作っている感じはしました。理想は「静から動」ではなく、「動から動」でタイミングを取る感じでしょうか。

西谷　そうですね、言葉にするとなかなか難しいですが、下半身の動力でタイミングを取ってほしいんです。わかりやすくいえば、その場で足踏みをしながら、タイミングを取るようなイメージですね。あとは、早めに準備をして、トップからインパクトまで仕掛けていくこと。いいバッターほど、トップを自然に作ることができて、自分から仕掛けることができています。

——重たいバットを振ることもありますか。

西谷　冬場は1キロの金属バットでフリーバッティングをしています。ピッチャーとの距離はだいたい13メートル。時期にもよりますが、はじめは逆方向に4本打ってからあとはフリーで4本など、課題を与えるようにしています。

――木製バットは使いますか？

西谷　ロングティーをやるときは、970グラムの木製バットですね。体をしっかりと使って、遠くに飛ばすようにと指導しています。

――あと、大阪桐蔭の練習や試合を見ていて気になるのが、選手がよくしゃべりますよね。ベンチの中でもよく会話をしているように思います。

西谷　そうですか？　これも関西人のハッタリというか、悪ノリもあるかもしれません。見たこともないピッチャーが出てきたのに、「オッケー、データどおりや！」と言う選手もおりますから（笑）。

――でも、そういうことが言える雰囲気は大事ですよね。

西谷　わざと、ぼくが言うときもありますね。初めてのピッチャーでも、「昨日、ビデオで見たとおりやろう！」「見ました！」「見たとおりにいこうや！」

――なかなかの掛け合いですね！　同級生である門馬敬治監督（東海大相模）が、「大阪桐蔭の言葉の力がすごい」と褒めていました。

西谷　それ、よく言われるんですけどねぇ。毎年、夏の大会前にうちと練習試合をやっているんですが、塁審が明らかに大阪桐蔭に有利な判定をしたときがありました。そうしたら、うちの選手が「審判に昼の弁当ふたつ持っていっておけや」と笑いながら言っていました。もちろん、審判には聴こえないようにですけどね。門馬監督は、「その突っ込みはないだろう」と笑っていました。

――そんなこと、なかなか言えませんね。

西谷　門馬監督は、大阪弁に囲まれた中で野球をやりたいと話していました。甲子園で勝つための準備だと思います。

――西谷監督の学年は高校球界では門馬監督、岩井隆監督（花咲徳栄）、吉田洸二監督（清峰～山梨学院）が日本一に輝いています。同世代への意識はありますか。

西谷　意識しないことはないですね、意識しています！

――嬉しい思いと悔しい思いは五分五分ですか。

西谷　自分たちが直接負けていたら悔しいですけど、それでも嬉しいですよ。岩井監督の日本一も嬉しかったですね。

――西谷監督も狙うは当然、日本一。

西谷　日本一を口にするようになってから思うのは、「日本一にまぐれはない」ということです。偶然、日本一になることはありえません。

――「勢いに乗って、無欲の日本一」ということもたまに起こり得ますが。

西谷　自分の中ではないですね。よく選手に言うのは、「本気の本気の本気で、狙って狙って狙ってこそ、日本一になるチャンスが訪れる」。チャンスがめぐってくる場所にいなければ、日本一にはなれないと思います。

――2014年夏の決勝、勝ち越しとなる決勝点はキャプテンの中村誠（日体大）のセンター前へのポテンヒット。どっちに転んでもおかしくない紙一重の戦いでした。

西谷　ポテンヒットというか根性ヒットというか。「日本一」とずっと言い続けてきて、日本一を本気の本気の本気で狙った結果が、あのヒットにつながったのかもしれません。

――やはり、根底にあるのは「日本一を目指す風土を作る」ですね。

西谷　そうですね、その風土がなければ、日本一を狙い続けることはできないと思っています。

第二章

明秀学園日立

金沢成奉 監督

「打撃」

打撃のポイントは「割れ」と手首の角度
スイングはボールの軌道に合わせる

光星学院時代から、強打線を作る手腕には定評があった金沢成奉監督。今春、明秀日立の監督として初の甲子園出場を果たした。自らの経験と学びから確立された「打撃メソッド」を明かしてくれた。

金沢成奉の「打撃メソッド」とは？

一

打撃で大切なのは、まず「タイミング」

どんなに強いスイングでも、タイミングがずれてしまったら強い打球は打てない。ピッチャーの投球に対して、いかにタイミングよく動き出せるか、スイングできるかが重要。

二

割れ＝トップの形をしっかりと作る

打席ではしっかりと割れ＝トップを作っておき、ピッチャーのリリースに合わせて手を動かしていく。割れを深く取れれば、そのぶんスイングも強くなる。

三

捕手側の足＝軸を意識してスイングする

打席では捕手側の足＝後ろ足の股関節を軸にして体を回転させるイメージを持つ。ただし、それを意識しすぎると体重移動がうまくできないこともあるので、「前にいきながら、戻す」イメージを持つこと。

四

手首の角度（コック）を作る

割れの形からスイングするときに、バットを握った手を橈骨のほうに寄せ、角度を決める。こうすることで、バットを出す角度、軌道が安定し、スイングに勢いもつく。

五

スイング軌道はボールに合わせてアッパー「気味」に

「アッパースイング」を意識するというよりは、ボールの軌道に合わせてスイングするイメージ。どんな球種も、すべて上から下に落ちてくる軌道を描くので、それに合わせると必然的にアッパー「気味」になる。

バッティングに情熱を注ぐ名将
坂本勇人ら右の強打者を輩出

2018年春、明秀日立の監督として初めて出場したセンバツで2勝を挙げて、ベスト16に勝ち進んだ金沢成奉監督。1回戦（対瀬戸内）では、1点を追う9回表に無死からの3連打で追いついたあと、犠牲フライで勝ち越した。

前年秋、センバツにつながる関東大会の初戦（対山梨学院）も序盤から主導権を握られ、4回を終えて1対3とリードを許した。ここで金沢監督が出した指示は、「力でねじ伏せて、打って点を取るぞ！」。直後の5回に中軸の池田陵人、芳賀大成、細川拓哉の3連打で追いつき、さらに鈴木翔太の2点二塁打で勝ち越しに成功した。

とにかく、バッティング大好きな監督だ。スカウティングで中学生を視察するときは、「足が遅くても、バットを振れる選手」をとことん好む。

出身は大阪府。太成高校（現・太成学院大高）から東北福祉大に進み、1995年秋から青森・光星学院（現・八戸学院光星）の監督に就いた。1997年春のセンバツに初めて出場すると、2000年夏の甲子園では4強入りを果たすなど、春夏合わせて8度甲子園に出場。就任当初は、ピッチャーを中心にした守りのチームだったが、「打てなければ甲子園では勝てない」と、バッティングに力を入れるようになった。監督時代の教え子には坂本勇人（巨人）がいる。2010年3月からは総監督として指導にあたり、北條史也（阪神）や田村龍弘（ロッテ）をプロに送り出した。

そして、2012年秋から明秀日立の監督に就任。2016年夏には県大会準優勝を遂げ、高校通算63本の細川成也（DeNA）と、通算47本の糸野雄大（JR東日本）というふたりのスラッガーを育てあげた。

「バッティングは、スポーツの中で一番難しい作業だと思っています。10回中7回失敗してもヨシとされる。だからこそ、きちっとした理論を確立しないといけないと思って、いろいろと学んできました。自分の理論が確立できたのは、光星の総監督になってから。遠くに飛ばすためには何が必要かを追求しています」

どのような指導で、高卒プロを狙えるバッターを育てているのか。理論から練習法まで、隠すことなく明かしてくれた。

1. タイミングを取る＝ふたつのタイミングが存在する

「どんなにいいスイングをしていたとしても、ピッチャーとのタイミングが合わなければ強い打球を打つことはできません。タイミングはふたつあると考えていて、ひとつはよく言われるように、ピッチャーのフォームにタイミングを合わせること。もうひとつは、ボールに対して最大限の力を発揮する形を作ること。つまりは、〝割れ〟を作った状態。弓道でいえば、弓矢を引き切って待っている状態です」

ひとつ目のタイミングは、「ピッチャーが動いたら、バッターも動く」を約束事にしている。ピッチャーが前足を上げたら、バッターも足を上げたり、軸足に重心を乗せたり、何らかのアクションを起こす。ここで動作を合わせられないと、ピッチャーに先手を取られてしまう。

指導法としては、①前足を上げる、②すり足、③ノーステップの3段階で教えていて、はじめは全員が前足を上げることから取り組む。そのほうが体全体の力を使って、打球を飛ばすことができるからだ。これが難しければ、すり足に。すり足でもうまくいかなければ、ノーステップに変える。

「前足を上げてタイミングを取るのが理想ですが、高校生の場合は上げた状態で待っていられない選手が多い。そうなると、体の軸がピッチャー方向に流れてしまいます。高校生のうちから、足を上げても軸が崩れなかったのが坂本で、彼は天性のものを持っていました。ＤｅＮＡに行った細川は、足を上げると軸が崩れてしまうタイプ。すり足でもダメで、ノーステップに近いタイミングの取り方にしてから、よくなりましたね。細川は体に馬力があるので、芯でとらえさえすれば、スタンドに持っていく力がありました」

また、足を上げることで、姿勢が崩れてしまうバッターもいる。

「理想は骨盤が立った状態で構え、その姿勢を保ったまま打ちにいくことです。足を上げることによって、骨盤が寝てしまう選手はすり足かノーステップのほうがいいでしょうね」

バッターの適性を見極めながら、タイミングの取り方を探していく。

2.割れを作る＝前足とグリップの距離を作る

ふたつ目のタイミングにつながるのが「割れ」の形だ。

「割れ＝トップです。割れの状態で待っておいて、ピッチャーのリリースに合わせて、バッターも手を動かしていきます」

このとき、割れの形をどれだけ深く取れるかによって、スイングの強さが変わってくる。

「軸足の上に頭がある状態で、体を割っていきます。以前は、前足を着地させたときが〝割れ〟と思っていたことがありましたけど、それでは１４０キロ以上のストレートに差し込まれる。割れは、軸足の上で完了させておく。前足のつまさきがついたらバットスイングが始まり、かかとが着いたら振り出していないと間に合いません」

割れを作るにあたって大事なのは、人間は「足が動いたら、それにつられて手も動く」という連動だ。

「歩く動作を思い浮かべてみてください。左足が動いたら、右手が動きますよね。バッティングも同じで、前の足が動いたら、後ろにある右手が動く（右打者の場合）。選手には『手と足を必ず動かすように』と伝えています」

手が上下に動く「ヒッチ」を嫌がる指導者がいるが、金沢監督は肯定派だ。足が動けば、手は勝手に動くのだから、むしろヒッチするのが自然な動きとなる。

「たとえば、阪神で活躍していたマートンは理想の動きをしていました。教え子である坂本は、どうしても手が止まってしまう。もっと、手を動かしたら打てるようになると思うんですけどね……」

また、割れのときに体をねじりすぎて、ピッチャーから背番号が見えることを嫌う指導者もいるが、これに関しても金沢監督は「問題なし」のスタイルだ。

「体をそれだけねじれば、トップが深くなります。深いほうが、ボールとの距離ができて、際どい変化球や緩急に対応できるようになる。両目でピッチャーを見ることができていれば、問題ありません。『空振りしたくない』と思うあまりに、トップが浅くなり、手とボールとの距離が狭まるバッターがいますが、これは完全に逆効果。距離が取れなくなるので、緩急についていけなくなります」

■練習法1　割りティー（写真P46）

チームで「割り」と呼んでいる練習法。

・イチ＝体の中心で前足とグリップをぶつける
・ニ＝割りを作る
・サン＝スイング

この3つの動作を、「イチ、ニ〜の〜、サン」と声を出しながら行う。「ニ〜」の割れを長く取るのがポイントだ。

「前足を着く前には、打ちにいっています。ただ、実際の映像を見ると、着いてから振っているんですけどね。意識の中では、『着く前に振りにいく』です」

■**練習法2　バックステップティー（写真P47）**

キャッチャー方向に一歩バックステップし、後ろ足に体重を乗せてから打ちにいく。後ろ足の上に頭を置き、割れを作ることを意識する。

■**練習法3　ウォーキングティー（写真P58）**

構えたところから、後ろ足をピッチャー方向に踏み出し、後ろ足を軸に割れを作ってからスイング。ここでも、「イチ、ニ〜の〜、サン」と声を出し、割れの時間を意識する。

■**練習法4　一本足ティー（写真P59）**

軸足一本で立った状態から、「イチ、ニ」のリズムで足を2度上げてから、割れを作ってスイング。足上げに連動して、手が自然に動くことが体感できる

3．後ろ軸で回る＝軸足の股関節で体を回す

「ボールを遠くに飛ばすには、後ろ軸で回る。後ろで回ったほうが、ボールを長く見ることもできます」

後ろ足の股関節を軸にして、体が回るイメージだ。試合では変化球で泳がされたり、タイミングを崩されたりするので、後ろ軸で打てないときもあるが、練習の段階では軸足で回る意識を植え付けておく。

「坂本は後ろ軸で回る意識を持ってから、首位打者を獲得。でも、昨年はそれを意識しすぎたせいか、そっくり返るようになっていました」

「後ろ軸で回る」といっても、ステップした前足にはしっかりと体重を乗せなければいけない。後ろにそっくり返りすぎる選手には、「前にいきながら、戻せ」とアドバイスを送る。これを体現するために、踏み込んだ前足の「かかとで回れ」と指導することもある。かかとで回ろうとすると、後ろ軸で回りやすくなるためだ。

これまでの教え子を見ると、右投右打の長距離砲が育っている傾向にある。そこに関しては、金沢監督にも思うところがあるようだ。

「経験上、右投右打のほうが後ろ軸で回りやすいように感じます。坂本も田村も北條も細川も、右投右打ですから。左打ちになると、一塁に走ろうとする意識があるせいか、前にいきながら対応するバッターが多いように思います」

今年の明秀日立の四番を務める芳賀は、右投左打の内野手。左打ちではあるが、後ろ軸

割りティー

動

①グリップと前足を体の中心部でぶつける②「割れ」＝トップを作る③スイングする。の順番で行う。このとき、動きに合わせて「イチ」「ニ〜の〜」「サン」と掛け声を出しながら行う。「ニ〜の」で割れを長くとるのがポイント。

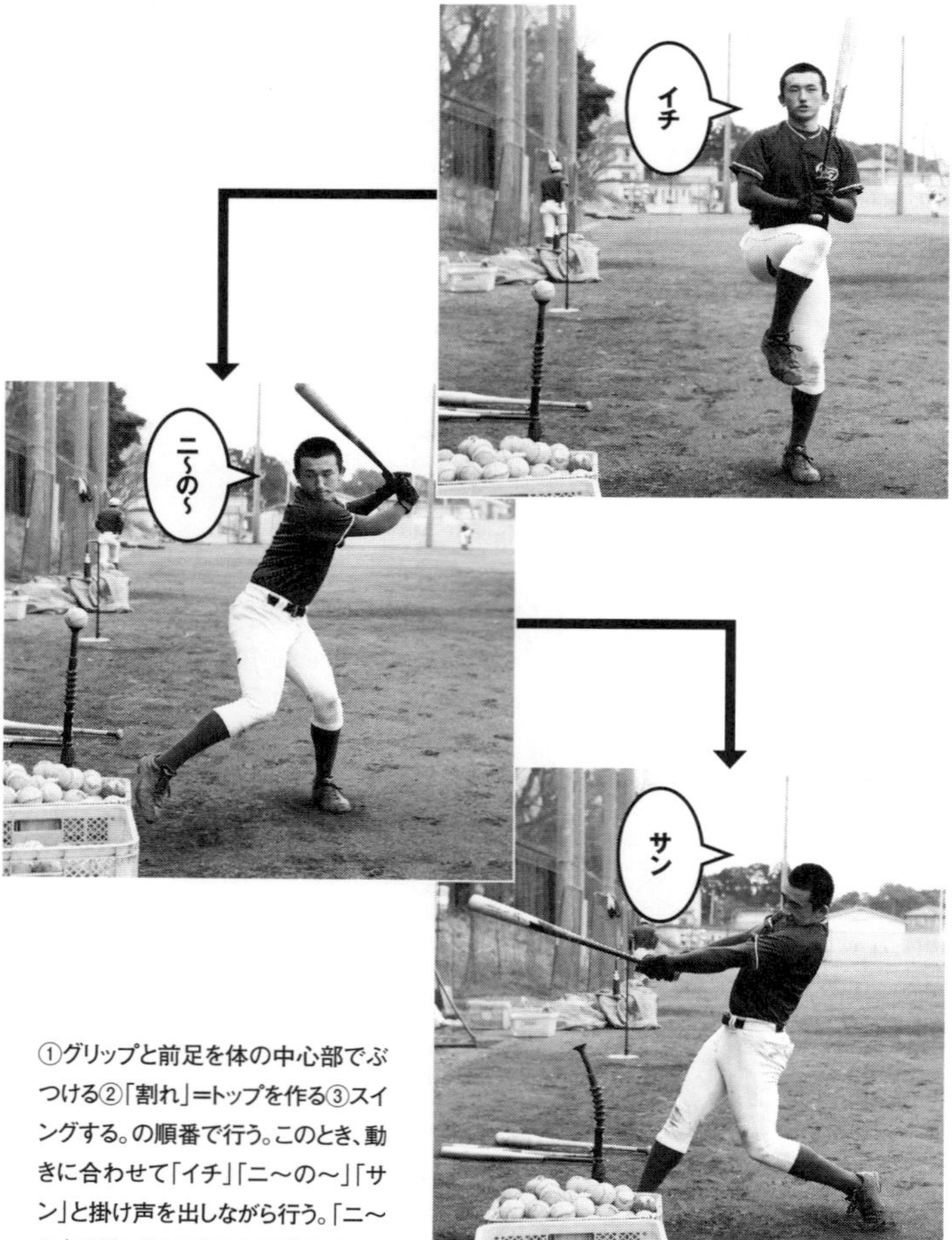

バックステップティー　動

キャッチャー方向に一歩バックステップしたあと、後ろ足に体重を乗せ、「割れ」を作ってからスイングする。後ろ足の上に頭が来るように、しっかりと重心を移動させることを意識する。

で回れるタイプで、「これまで見てきた左バッターの中で、トップクラスに入る技術を持っている」と金沢監督も認める。一方、一番を打つ右投右打の増田陸は後ろ軸でなかなか回れなかったため、「松田宣浩（ソフトバンク）のように前で打っていい」とアドバイスした。

後ろ軸が理想ではあるが、バッターのタイプによっては合う、合わないがあるということだ。そこは、指導者の目が問われる。ただ、金沢監督の理想はやっぱり後ろ軸で回ること。「増田は前にいきながら打つので、どうしてもボールになる変化球に手を出してしまう」。今後の課題として取り組んでいく。

なお、右打ちと左打ちによる違いは踏み込み足に出やすく、「右バッターはアウトステップ、左バッターはクロスステップのほうが体が回りやすい」という。

「これも一塁に走る意識が関係していると思いますが、左バッターは内側に踏み込んでも、右方向に回転しようとするので、うまく体を逃すことができる。右バッターが左と同じように　踏み込んでしまうと、体を逃がすことができないのでどうしても窮屈になります」

もし、右バッターでクロスに踏み込んでいる選手がいたら、アウトステップを試してみる価値もあるだろう。

■練習法5　後ろ軸ティー（写真P59）

通常よりも長いバットを背中の後ろでかかえ、下半身の力だけでボールを飛ばす。スタンドティーは、構えたときのヘソの前に置く。

「ステップしたあとに、最初に動くのは後ろの足です。後ろ足の内転筋を前足の内転筋にぶつけようとすることで、回転が起きる。その使い方をここで覚えていきます。このボールを上半身主導で打ちにいくと、ボールに当たらないはずです」

■練習法6　Xティー（写真P60）

体の前でバッテンを描いてから、スイング。バットの動きに合わせて、前足股関節↓後ろ足股関節の順に体重を乗せることがポイントになる。

「体重移動を感じながらスイングする練習法。後ろ軸で回るにしても、前への体重移動は必要になります」

また、P61で紹介しているバットのしなりを体感することもできる。

チーム作り
打撃
投手
守備
捕手
走塁
体作り

■トレーニング1　メディシンボール投げ

ボールを飛ばすには、トレーニングで体を鍛えることも必要になる。バッティング練習の合間にやっているのが、5キロのメディシンボールを真っ直ぐ遠くに投げることだ。軸足に力を感じ、軸足でケンケンしてから放り投げる。

■トレーニング2　プレートドリル

ウエイトトレーニングで使う20キロのプレートを胸の前に持ち、下半身の力を使って、下から上へ持ち上げる。下半身がふらふらしないように注意。

4．コックを作る＝手首の角度を決める（写真P60）

ここからはバット軌道に関する話に入る。

「ゴルフやりますか?」と取材陣に質問してきた金沢監督。何のことだろうと思ったら、ゴルフ用語のひとつである「コック」について語り始めた。

「コック＝手首の角度を決めることです。割れの形から振り出すときに、コックを決めて、バットを出す角度を決める。八戸大にいた関係で秋山翔吾（西武）のこともよく知っていますが、昨年、コックを決めるようにしてから非常によくなりましたよね」

手本を示してくれた金沢監督を見ると、バットを握った手を橈骨（親指側にある前腕の骨）のほうにグッと寄せる動きをしていた。こうして角度を決めることによって、安定したバット軌道を作り出すことができる。

5. バットを上手に使う＝しなりを利用する

手でボールを投げるピッチャーと違って、バッティングはバットという道具を使う。この道具をどう生かすかによって、打球の飛距離は変わってくる。

「ヘッドの重みを感じながら、いかにバットをしならせることができるか」

練習では、しなりを体感しやすいように木製バットを使うことが多い。

■練習法7　しなりティー（写真P61）

両足をそろえた状態で、体の中心でバットをぶらんぶらんと揺らす。そこから、ヘッドの重みを感じながら割れの形を作り、スイングに入る。

「バットをグリップから上げていこうとすると、重みを感じやすくなります。ヘッドから上げていくと、重みを感じられません。実際のバッティングも、手が先に出て、ヘッドは最後の最後に出てくる。だから、しなりを生かすことができるのです」

6．バットスイング＝ボールのラインにバットを入れる

スイング軌道は「アッパースイングがいい。いや、アッパーではフライになるからレベルスイングがいい」など、昔から多くの人がいろいろなことを言っているが、金沢監督の考えは、「後ろヒジをヘソに近づけて、ボールのラインにバットを入れる。点ではなく、線で打つ」。

「『上から叩け』という教えもありますけど、それはあくまでも感覚であって、理論ではないと思っています。感覚と理論は違うもの。『上から叩きなさい』というプロ野球選手のスイングを見ると、実際にはボールの軌道にバットが入っていますからね。そうじゃない

と、打てるわけがありませんから」

オーバースローが投じるストレートの軌道は、リリースの位置から必ず下方向にくる。線でつかまえようとしたら、バットも下から上方向にスイングするのが自然な考え方だ。そのためには、「上から叩く」「バットを最短距離で出す」という考えはなくさなければいけない。

東北福祉大の後輩に西武や中日で活躍した和田一浩がいるが、首位打者を獲ったあとに、雑誌にこんな言葉を語っていたそうだ。

「西武時代、金森（永時）さんに教わったときに、『バットを後ろから出してこい』と教わったそうです。極端な話、キャッチャーミットを叩くぐらいの感じで出せと。なるほどなと思いましたね。イチローが4000本安打を放ったときには、テッド・ウィリアムスの『イチローのいいところは、バットが後ろから出てくるところだ』というコメントが載っていました」

一流選手に共通する考え方と言えるのだろう。

■練習法8　後ろスイングティー（写真P61）

「バットを後ろから出す」という感覚がわからないバッターに対する練習法。

センター方向にラインを引き、ティー台（ヘソの前に設置）に乗せたボールをライン上に沿って真っ直ぐ飛ばす。ボールの真後ろをとらえなければ、真っ直ぐ飛んでいかない。

「あまりやりすぎるとドアスイングになる恐れがあるので、そこだけは注意。インパクトで後ろ手が前手を追い越すタイミングがわからないバッターにも使える練習です」

7.ボールの下に入れる＝バックスピンをかける

センバツの前に、金沢監督は新しいバッティング器具を購入した。メジャーリーグで流行っている「バックスピンティー」というティースタンドだ。通常、スタンドティーはティー台の上にボールを乗せるが、これはボールの上半分をねじこみ、ボールの下半分を狙って打つことができる。

「光星の時代から、ボールにバックスピンをかけて打つようにと指導しています。バックスピンをかけたほうが、遠くに飛んでいく。プロのホームランバッターは、『ボールの中心から2ミリ下を狙う』という話を聞いたことがありますが、高校生でそこまで求めるのは難しい。でも、そこまで細かくなくても、ボールの下を狙って、ボールに角度をつけることはできる。そういう意味で、このバックスピンティーは優れものだと思います」

トスバッティングでも、「バックスピン」を意識していて、1対1（あるいは投手の後ろに守備者を付けた2対1）のなかで、投げ手や守備者にノーバウンドで返す練習をしている。理想はライナーではなく、柔らかいフライで返すことだ。

「トスバッティングとは、そもそもバットコントロールを養うものです。通常はボールの上を叩いて、ワンバウンドで返すものですが、これは誰でもできること。バックスピンをかけるほうが難しいので、それによってバットコントロールを磨くことができます」

インパクトの瞬間には、後ろ手が前の手を追いこしていく。それによって、強いスピンが加わる。「遠くに飛ばすには、後ろ手が重要」と金沢監督は話すが、後ろ手が強く、かぶってくるような選手には、「後ろ手は添えるだけでいい」とアドバイスを送ることもある。ＤｅＮＡに進んだ細川がこのタイプだったそうだ。

■練習法9　バックスピンティー（写真P62）

新アイテム・バックスピンティーを使った練習。ボールの下半分しか見えないので、必然的に中心より下を打つ練習につながっていく。

■練習法10　バックスピントス（写真P62）

トスバッティングで、相手に柔らかい飛球を返す。バットを使って、キャッチボールをしているような感覚だ。

8．狙い球をしぼる＝5パターンを頭に入れる

一流バッターであっても、打率は3割。この確率を上げるには、実戦での狙い球をしぼっていくしかない。金沢監督はその策として、次の5つのポイントを授けている。

①ストライクを取りにくるカウント球は何か
②同じ球種を何球続けるか
③バッティングカウントで何を投げてくるか
④キャッチャーのサインに首を振ったあとに何を投げてくるか
⑤ファウルのあとに何を投げてくるか

最後の⑤は、ストレートを引っ張ったときのファウルなのか、差し込まれたときのファ

ウルなのか、ファウルの種類による違いもしっかりと確認しておく。引っ張ったファウルを打たれたあとは、よっぽどストレートに自信があるピッチャーでなければ、変化球を投げてくることが多い。

今年のセンバツでは3回戦で大阪桐蔭と戦い、1対5で敗れた。最速147キロのストレートと高速スライダーを投げ込む根尾昂の前に、11奪三振、被安打4に抑え込まれた。全国トップクラスのピッチャーを打つには、打力を上げていかなければいけないことを痛感した。

バッティングに情熱を燃やす指揮官が、センバツの経験を糧にどんな強力打線を作り上げてくるのか。さらなる進化を楽しみにしたい。

ウォーキングティー 動

構えたら後ろ足をピッチャー方向に踏み出し、前足を踏み出すと同時に後ろ足で割れを作ってからスイング する。ここでも、しっかりと割れの時間を確保することを意識する。

一本足ティー

軸足一本で立ち、前足を2度上げてから割れを作ってスイングする。足を上げるのと連動して手が自然に動き、割れとコック＝手首の角度も意識できる。

後ろ軸ティー

背中でバットを抱え、下半身の力だけで行うティーバッティング。下半身の動きと体の回転を意識することが重要。

Xティー

バットを使って体の前に×印を描き、スイングする。バットの動きに合わせて、
前足股関節→後ろ足股関節の順に体重移動を行うことがポイント。

コック（手首の角度）を作る

割れの形から振り出すときに、コックを決めてバットを出す角度を決める。コックが決まればバットの軌道も安定する。

しなりティー

両足をそろえ、身体の中心でバットをブランブラン揺らす。その反動からくるヘッドの重みを感じながら割れを作り、スイングへと移行する。ヘッドからではなく、グリップからバットを上げることでより重みを感じやすくなる。

後ろスイングティー

ティー台からセンター方向へラインを引き、そのライン上に沿って打球を飛ばす。方向さえ合っていれば、角度がついてネットを超えても全く問題ない。

バックスピンティー

ボールの下半分しか見えないバックスピンティーを使った練習。ボールの中心より下を打つ意識で行う。

バックスピントス

相手が投げた球の衷心よりやや下をとらえて、打球にバックスピンをかけて柔らかい打球を返す。山なりの打球をイメージするのがポイント。

埼玉西武ライオンズ

山川穂高「長打力」

全ての力をボールにぶつける
それが「長打」を打つ秘訣

2017年、78試合で23本塁打を放った山川穂高。潜在能力がついに開花し、侍ジャパンの主軸を担うまでに成長した。「ホームラン」にこだわるスラッガーが、高校球児のために打撃論を語ってくれた。

“プロの極意”
現役プロ野球選手が語る技術論

山川穂高の「長打力」の理由とは？

一

「フライ」を打たなければホームランは打てない

長打、特にホームランを打つためにまず大切なのが「フライ」を打つこと。ゴロを打っているようでは、少なくともホームランに関してはノーチャンス。ボールの下にバットを入れ、打ち上げる意識を持つことが大切。

二

ロングティーで「遠くに飛ばす」力をつける

自分の現時点での実力を測る意味でもおすすめ。どんなスイングで、どんな風にボールをとらえたら打球がどれくらい飛ぶのかを確認する。飛距離に大きく差が出るので、できればきれいなボールで行いたい。

三

構えたときも打ちに行くときも、左肩の位置を変えない

体が開いたり、逆に差し込まれたりするのを防ぐために、左肩の位置を常に一定に保つことを意識する。構えから打ちに行く瞬間まで左肩の位置がぶれなければ、体が開くことはない。

四

ピッチャーは両目で、「ぼやっと」見る意識

視線はつねにピッチャーに向け、ぶれないように意識する。ただ、一点を見つめすぎると瞬時の対応が遅れてしまうので、全体を「ぼやっと」見るイメージが一番いい。

五

左足を下ろすときは、軸足の親指を地面にぶつけるような感覚

ステップした左足を下す瞬間、捕手側の足＝軸足の親指を地面にぶつけるように意識して回転する。こうすることで後ろに体重が残り、体の力がボールに効率よく伝わる。

フライを打たなければホームランはない
ロングティーではきれいなボールを使う

――昨季、出場78試合で23本塁打。侍ジャパンの四番としても活躍し、潜在能力が一気に開花したように感じます。山川さんが〝飛ばし〟に目覚めたのはいつ頃からですか。

山川　周りから言われていたのは中学生のときですけど、自分の能力にはまだ気づいていなかったですね。気づいたのは、高校1年生の冬です。ロングティーをしているときに、フォームは気にせずに思い切り振ってみようと思ったら、誰よりも飛距離が出た。自分のなかで「これで生きていく」と決意したときでした。それまでは、きれいに振ろうという思いのほうが強かったんです。

――そこから、今にいたるまで、いろいろな取り組みをしてきたと思います。ホームランを打つために、山川さんが大事にしていること、考えていることを教えていただけますか。

山川　正直、ホームランを説明するのは難しいんです。試合になってしまえば、ほとんどが反応と感覚なので。ただ、ひとつ言えることは、ホームラン＝フライということです。ランニングホームランをのぞいたとしたら、フライを打たない限り、ホームランは100

パーセント生まれない。今でこそ、「フライボール革命」のような考えが入ってきていますけど、ぼくは高校時代からフライを打つことに意識を置いていました。

――では、フライを打つためには？

山川　ボールの下にバットを入れる。もう、それしかありません。

――ボールの中心の数ミリ下を打ったときが、もっともホームランが出やすいという話も聞いたことがありますが、そこまで意識はしますか。

山川　それはないですね。ボールをとらえているところは、実際には見えないので。そのあたりは、だいたいです。大事なのは、この打ち方をしたら高いフライになった、ライナーになったというように、自分の体で覚えていくことです。

――高校野球の場合、「ゴロを打て。ゴロを打てば何かが起きる」という考えもあります。

山川　高校生の場合はエラーも出ますから、それもアリかもしれません。おそらく、ホームランバッターはチームにひとりいるかいないか。もし、ぼくが「この子、ホームランバッターの素質がある」と思ったら、「絶対にフライを打ちなさい！」と言います。

――フライを打つ感覚を磨くには、どんな練習がいいですか。

山川　遠くに飛ばす練習をするなら、ロングティーです。高校時代もやっていましたし、プロになった今もやっています。ライトポールやレフトポールなど、何か目印になるところを狙って打つといいと思います。ぼくの高校はライトまで95メートルぐらいあって、その先に4階建ての校舎がありました。三塁ラインから、校舎の3階を目がけて打ち続けていました。自分の中で、3階より上にいったら「ナイスバッティング！」という基準にしていたんです。

――基準をもうけていれば、飛距離が伸びたかどうかの成長もわかりますね。

山川　あと、大事なのは自分の体力がしっかりと残っているときにやること。30球でも、50球でもいいので、1本1本集中して、打ち終わったあとには打球の方向をしっかり確認してください。

――やみくもに振っていては、技術向上にはつながらないと。

山川　そういうことです。また、できることならロングティーでもきれいなボールを使って打ってほしいですね。高校生の場合は難しいとは思いますけど。ボールによって、打球の飛距離は20メートルも30メートルも変わっていきます。それぐらいボールは重要。たとえば、ロングティーでテープを巻いたようなティーボールを使うと、打球が飛びません。飛ばないから余計な力みが生まれて、スイングが崩れてしまいます。

足を上げたときに左肩の位置を変えない目線によってバッティングは大きく変わる

――ここからは、打撃フォームに関する考えを聞かせてください。山川さんのひとつの特徴として、アウトステップがあると思いますが、ステップはどのように考えていますか。

山川　自然にアウトステップするようになりました。ほぼ無意識。アウトステップしないと、腰がうまく回っていかないんです。ぼくはステップのことよりも、構えたときの左肩の位置のほうが重要だと思っています。

――左肩の位置ですか、詳しく教えてください。

山川　構えたときと、打ちにいくときで、左肩の位置が変わらないことです。打ちにいくときに、内側に入ったり、外側に開いたりすると、どうしても苦手なコースが出てきてしまう。ぼくは左肩が内側に入ってしまう癖があるので、鏡を見ながらの素振りで確認します。(写真P72)

――外に開くと、アウトコースは届かない。

山川　そういうことになります。

――両目でピッチャーを見るようにしていますか。

山川　両目ですね。目線はかなり重要です。構えたときに、両目で見ているのは当然として、大事なのは足を上げてタイミングを取るときにどう見るかです。たいていのバッターは左肩が内側に入って、それにつられて、顔も内側を向いてしまう。これが、ストレートに差される原因になります。どこを見るかによって、バッティングは大きく変わっていくのです。

――どういう対応策があるのでしょうか。

山川　足を上げたときに左肩の位置を変えないことと、あとは顔をマウンドの左側（ショート側）に向けるようにしています。ほんのちょっとのイメージですけど、これだけでもストレートに差し込まれにくくなります。

――それは興味深い考え方ですね。ボールの見方はどうでしょうか。「ボールの内側を見なさい」という指導法も聞いたことがあります。

山川　無理です（笑）。そんなところを見ている時間なんてありません。試合になれば、来た球を思い切り打つだけ。それよりも、もうひとつ前の段階として、「ピッチャーをぼやっと見る」という意識を持っています。グッと集中して見るのではなく、ぼやっと見ておく。

――テレビで表情が映るときがありますけど、目を大きく見開いている表情が印象的です。

山川　あれはわざとやっているんです。目を開いていたほうが、ピッチャーがぼやっと見える。全体の景色の中にピッチャーが映っているような感じで見ています。ぼくの場合は、そのほうがボールに対しての反応が速くなる。これが目を細めるように見ると、ピッチャーだけに視点が合ってしまうと思います。

――1点集中よりも「周辺視野」で見ていたほうが、反応が速くなるという話も聞いたことがあります。

山川　目線や見方は、かなり大事だと思いますね。

体重移動で大事な軸足の親指の使い方
助走を使ってボールを遠くに飛ばす

――山川さんはタイミングの取り方から、後足から前足への体重移動まで、かなり大きく動いているように感じますが、「全ての力をぶつける」という意識を持っているのでしょうか。

山川　そうです。

――指導者から直されたことはありませんか？

左肩の位置を意識する

構えたときも打ちに行くときも左肩の位置は変えない。左肩が外側に開くと体も開いてしまい、逆に内側に入るとストレートなどに差し込まれてしまう。また、左肩を動かさないのは、目線を安定させるためでもある。

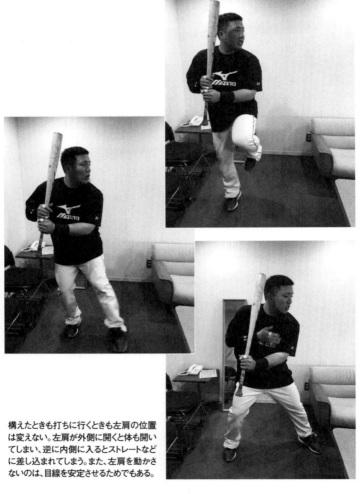

山川　何度もありますよ。やっぱり、体重移動を小さくしたほうが、ボールが見やすいのはあるかもしれません。でも、それでは体の力を使い切るのは難しいので、体を思い切りねじって、右足に乗せた体重を左足に移動させたほうがボールは飛んでいく。ホームランを打ちたければ、足の指先から頭の先まで体のすべてを使って、ボールをブッ飛ばす意識で振るべきです。

――体重移動で意識しているポイントはありますか。

山川　軸足の親指の使い方です。左足を下ろして打ちにいくときに、右足の親指の内側を地面にぶつけるような感覚を持っています。この意識を持っていたので、高校生のときはスパイクの親指の革がよく破けていました。高校生を見ていると、親指でぶつける前に、かかとがクルッと回ってしまう。これはプロの選手にもいます。かかとが先に回ると、前の肩も一緒に開いて、打てるコースが限られてしまいます。

――昔から「股間を締めるように」という言葉がありますが、その感覚ですか。

山川　「後ろのヒザを前のヒザにぶつけろ」とも言いますよね。それと、同じような感覚だと思います。

――最終的な理想としては、今の大きな動きを小さくしていきたいと考えているのでしょうか。

山川　今のところは、考えていないですね。たとえば、追い込まれたあとに逆方向を狙いにいけば、動きは自然に小さくなっていくので、そのあたりは気にしていません。ボールを飛ばそうとすると、どうしても、無駄な動作は入ってくると思います。ただ、何というんですかね、ぼくのなかでは無駄なように見えて無駄じゃないんですけど。

――自分の中でのリズムですか？

山川　リズムといえばリズムですし、もっと簡単にいえば助走ですね。ピッチャーが足をあげて、「せ〜の」で投げてくるので、こっちも「せーの、ドン！」で打ちにいく。助走をたっぷり取れば、バットの芯を多少はずれてもスタンドに入れる自信はあります。

――フリーバッティングを見ていると、体を思い切りねじって、振りすぎなぐらい振っていますね。

山川　練習では120パーセントの力で振って、とにかく飛ばすことを意識しています。練習で振っておけば、試合では少し抑えたスイングをしても、100パーセント近いスイングになるという考えです。

――試合で空振りへの怖さはないですか。たとえば、調子が落ちてくると助走が小さくなることはないのでしょうか。

山川　調子が悪いときは、その傾向があります。今年のオープン戦は調子が悪かったので、そのときは三振するのがイヤでしたね。動きが小さくなっているのが自分でわかっていればいいですけど、わからないうちに小さくなってしまうのは、問題があります。

インサイドアウト習得のための技
ボールの軌道にラインを入れる

――最近は、高校生も竹バットや木製バットで練習をすることが増えてきています。

山川　正直、金属バットを使うのであれば、スイングスピードを上げていったら、どこに当たってもホームランは打てるはずです。高校生はそれでもいいと思いますけどね。でも、それだけじゃあ、木製バットでは打てない。木製はいかにバットを柔らかくしなやかに使っていけるか。「ヘッドをうまく使いなさい」とよく言われますけど、そのとおりですね。

――「ヘッドを使う」とは抽象的な表現ですが、そのためにはどんな打ち方が必要になりますか。

山川　これもよく言われることですけど、インサイドアウトの軌道で振ることです。ぼくが意識しているのは、来るボールに対してグリップエンドを向けること。この動きができ

ると、振り出したバットと体が離れにくくなり、ヒジ、グリップ、ヘッドの順番でバットが出ていきます。(写真P78)

——「木製はバットをしならせることが大事」とも聞きますが、ヘッドが最後に出てくるからしなっているように見えるんでしょうね。

山川 ドアスイングのバッターになると、グリップエンドが下を向いていることが多い。下を向くと、どうしてもバットと体は離れてしまいます。

——意識づけとして、グリップエンドでボールを打つこともありますか?

山川 ぼくの場合は、鏡を見た素振りで動きを確認しています。結局、これは後ろ腕の使い方に関係してくるんですけど、後ろ手でボールを持って、サイドスローで投げる練習もしたことがあります。ボールを投げるのも、ヒジが体の近くを通っていきますよね。最後は、投げたい方向に腕が伸びていく。バッティングにも同じことが言えて、打ちたい方向に手を伸ばしていけばいいんです。

——ボールにグリップエンドを向けようとしたら、必然的にレベルスイングになっていきますね。

山川 ボールの軌道に対して、スイングのラインを入れていくことが、一番確率の高い打ち方だと思っています。わかりやすいのが秋山翔吾さんで、ラインに入れるようにしてから、3割超える打率をマークしていますよね。トップの位置から、そのまま振り出すことはほぼないわけで、インサイドアウトで振ろうとしたら、バットは肩の下ぐらいから出てくるはずです。

――日本の野球には「上から叩け」という教えがありますが。

山川　あれは、スイングの矯正法のひとつですよね。前から来るボールを、上から叩いたら、接点がひとつしかありません。ただ、極論を言えば、ダウンスイングもレベルスイングもアッパースイングも、すべてできなければダメだと思っています。高めを打つには、上から叩いて、バットをかぶせる技術も必要になってきますから。いろんな打ち方を練習でやってほしいと思います。

――ひとつの打ち方だけではなくて、これもあれもできるというバッターが打率を残していくのでしょうね。あと、バットを柔らかく使うには、バットの握りも関係してくると思います。山川さんはどんな握りをしていますか。

山川　ぼくは結構、独特ですよ。ほぼ、薬指と中指の2本でしか握っていません（写真P78参照）。このほうがバットを操作しやすいからです。人差し指は邪魔なので、左手の人差

グリップエンドをボールに向ける

投球に対し、バットのグリップエンドを向けるイメージでスイングすると、
バットが内から出て自然と「インサイドアウト」の軌道を描ける。

山川穂高のバットの握り

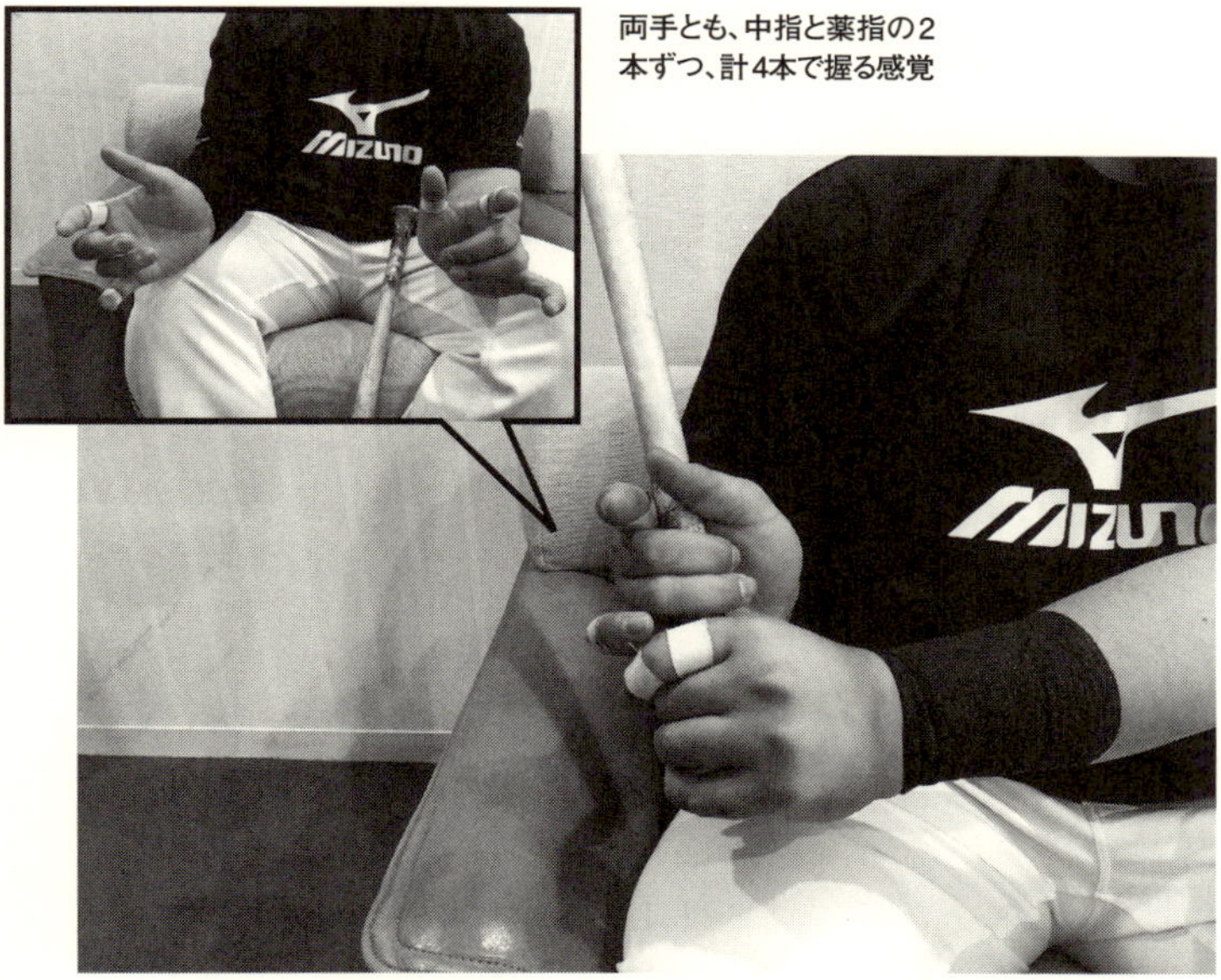

両手とも、中指と薬指の2本ずつ、計4本で握る感覚

本人も「独特」と語るバットの握り、バットが操作しやすいという理由で、両手とも中指と薬指の2本しか使わない。個人差はあるが、手のひらではなく「指」で握ったほうがバットの操作性は上がる。

し指は中指の上に乗せて、右手の人差し指は親指とくっつけて、丸を描くようにしています。(写真P79)

――こんな握りで打てるんですか。初めて見ました！

山川　大学生のときからこの握りです。自分の中では握りやすいうえに、操作がしやすい。ただ、これは人それぞれなのであまり参考にしないほうがいいかな……。ひとつ言えるとしたら、バットの操作性を考えるなら、手のひらよりは、指で握ったほうがいいですね。

練習しないと打てるようにならない 自分で考えて自分で練習する

――高校時代を振り返っていただきたいのですが、どんな思い出がありますか。

山川　ぼくはもうめちゃくちゃ練習しました。チームで一番やった自信はありますし、沖縄県内であれば誰よりも練習しましたね。

――自分でそこまで言い切れるのが素晴らしいですね！

山川　中部商の練習は短くて、土日でも9時から始まって、13時には終わり。でも、ぼくはみんなが帰ったあともトレーニングをやって、バットを振って、22時ぐらいまでは残っていました。平日も20時に全体が終わって、そこから22時過ぎまでは自主練習をしていましたね。

――練習の虫ですね。

山川　授業の合間とか昼休みとか、ちょっとの時間でもグラウンドに出てバットを振っていました。本当に、一番長くグラウンドにいた自信はあります。毎日、ひたすらバットを振っていたので、手のひらのマメが横一列につながっていました。

――しかも、山川さんの場合はやらされる練習ではなく、自らやる練習。

山川　高校野球なのでやらされる練習も必要だと思います。たとえば、走り込みとかはひとりではなかなか追い込めないで、みんなでやったほうがいいかもしれません。でも、バッティングは自分で考えてやることが絶対に必要です。

――トレーニングは何をやっていたんですか。

山川　自主練習でやっていたのは、タイヤ押しとタイヤ引きですね。これはおすすめです。ぼくはこんな体をしているので、ウエイトトレーニングで体を作ったように思われがちですけど、重たい器具を使ったトレーニングは今もほとんどやりません。動きのなかで体を鍛えています。

――プロでも、自主練習は続いたのですか？

山川　それが……、プロに入って2年間は全体練習のあとにノックを受けて、トレーニングをしたら、それで疲れて爆睡していました。でも、これって言い訳なんですよね。去年からは自分で練習する時間を作って、試合後にも打ち込むようにしています。

――それが、昨シーズンの結果につながったのかもしれませんね。

山川　だから、高校生なんて寝る暇ないんですよ（笑）。今日、いろんな話をしてきましたけど、一番大事なのは自分で考えて、自分で練習をすることです。それができないと、絶対に打てるようにはなりません。プロに入るとよくわかるんですけど、うまい選手はいっぱいいます。でもその中で誰よりも練習をして、ほかの人を圧倒できる力をつけていかないと、活躍できない。最初にグラウンドにきて、最後にグラウンドを出る。一番長くグラウンドにいたやつが、打てるようになります。高校生には、それぐらい練習をやってほしいですね。

――山川さんの言葉でやる気に火がついた高校生も多いと思います。刺激的なメッセージをありがとうございました。

第三章

花咲徳栄

岩井隆監督

「投手」

恩師から受け継ぐ、投手育成の信念

2017年夏、悲願の全国制覇を成し遂げた岩井隆監督。強力な二枚看板が安定した投球を見せたことが、優勝のひとつの要因となった。投手指導の礎となっているのが、尊敬する“師”の教えである。

岩井隆の「投手メソッド」とは？

一

踏み出し足のヒザの角度を意識し、重心移動で投げる

重心移動をスムーズに行うことで、ボールに力が伝わる。このとき、踏み込んだ足のヒザの角度を、自分に合った角度にすることが重要。投手はまずこの「自分のヒザの角度」を知り、体に覚え込ませる。

二

打者に利き手の肩甲骨を見せる意識で、体を回転させる

ピッチャーのタイプにもよるが、体の回転が強ければ球速も増す。打者に利き手側の肩甲骨を見せるくらいの感覚で身体を回転させれば、正しい腕の使い方、背筋を使った投げ方が身につく。

三

投げたい方向に、つま先を真っすぐ踏み出す

投手に対してよく「真っすぐ踏み出せ」と言うが、果たして「真っすぐ」とは何かを考える。まずは基本となるアウトローに向けて一直線になるように踏み出すことで、コントロールがつきやすくなる。

四

リリースポイントは一定にキープ

意識としては「右投手は右目の前、左投手は左目の前」が最適なリリースポイント。ヒザの角度、ステップする方向、リリースポイントが一定なら、理論上はすべて同じコースにボールを投げ込める。

五

恩師・稲垣人司の教えを継承

中学時代に出会い、高校時代に指導を受けた恩師・稲垣人司氏の教えが原点。稲垣氏が記した『投手の見方と造り方』は世に出回っていない資料だが、岩井監督は今も大切に保管している。

投手作りの名人・稲垣人司氏との出会い
今も大切に保管している「秘伝の書」

昨年夏の甲子園、6試合で61得点を挙げた「打」と、綱脇慧（東北福祉大）と清水達也（中日）のダブルエースを軸にした「投」ががっちりかみ合い、初の全国制覇を成し遂げた花咲徳栄高校。

今でこそ打力が注目を集めるようになったが、かつては好投手を輩出する学校として知られていた。1991年から、品田操士（元近鉄）、池田郁夫（元広島）、品田寛介（元広島）と3年連続でプロ野球選手を輩出し、1996年には神田大介（元横浜）がドラフト指名を受けた。当時の花咲徳栄は、「投手作りの名人」と言われた稲垣人司氏が監督を務め、毎年のようにプロを狙えるピッチャーを育てていた。

稲垣氏は、花咲徳栄を日本一に導いた岩井隆監督の高校時代の恩師であり、その投手理論は岩井監督に確実に引き継がれている。「おれの投手育成の9割は、稲垣さんの考え方」とまで言い切る。

その考え方の元になっているのが、稲垣氏が記した「秘伝の書」だ。

『投手の見方と造り方』　稲垣人司著

世には出回っていないマル秘資料だが、岩井監督は今も大切に保管している。

稲垣氏と岩井監督の出会いは、中学3年のときまでさかのぼる。第一志望だった高校の監督から、「体が小さいからダメだ。センスはあって、足も速くていいけど、体が小さいから通用しねぇよ」ときつい言葉をかけられた。当時の岩井監督は足の速い小柄な内野手。小さな体がマイナスポイントになった。

希望していた高校に行けない。高校野球への情熱が消えかかっていたときに出会ったのが、当時は創価高校を率いていた稲垣監督だった。そして、こう声をかけられた。

「体が小さい選手と体が大きい選手がいて、180センチのやつがホームを踏んだら2点で、160センチのやつがホームを踏んだら1点なら、おまえには価値がない。でも、違うだろう。野球のルールからして1点は1点、同じなんだよ」

「体が大きいのが好きな監督のところに、体が小さいお前が行ってどうするんだ？　お酒を飲まない人のところに、お酒を持っていくのと同じようなものだ。理にかなってない」

「戦争するのに大砲ばっかり集めるか？　野球も一緒。大砲も必要だけど、接戦になったら守備がいい、ランナーが進められる、足が速い、盗塁ができるという選手が必要。だから、自動小銃になればいいんだ、おまえは」

少々、口は悪いが、言っていることはそのとおり。すぐに、稲垣監督の考えに魅かれ、「面白い。この人に付いていきたい」と心をつかまれた。

その後、稲垣監督が神奈川・桐光学園の監督をやると聞いて、そのまま進路を変更した。正直、高校はどこでもいい。稲垣監督のもとで、野球を教わりたかった。

だが、高校では1年春からAチームに入ったが、なかなか試合で使ってもらえない。先輩が打てなくて、「次はおれだな」と思ったら、自分よりも明らかに実力が劣る選手が起用されることもあった。

「そうなると、もう反乱軍だよね」

当時を思い出したかのように、苦笑い。イライラしていて、先輩に食ってかかることもあったという。血気盛んな高校生だった。

何ともモヤモヤした高校生活が続いた6月の土曜日。キャプテンから「家に帰ったら、日曜日の練習の準備をして、もう1回学校に来い」と指示を受けた。いやな予感しかしなかった。

「絶対に、先輩に殴られると思ってね。もうイヤイヤですよ。少しでも会う時間を遅らせようと思って、最終の電車で学校に向かってみたら、プレハブ小屋の2階の監督室に明かりがついていた。正直、『あそこで、朝まで……』と思いましたね」

当時の桐光学園にはグラウンド近くにプレハブ建ての小屋があり、1階が部室で、2階が監督室になっていた。

「コンコン」とノックをして恐る恐る入室すると、稲垣監督と3人の3年生が何やら勉強をしていた。稲垣監督が野球の話をしていて、3年生は頷きながら聞く。「先輩にやられる……」とびびっていた岩井監督は、胸をなでおろすと同時に、考えてもいなかった光景に驚いた。

「稲垣さんが野球の講義をしていました。そのときは、『張本勲の実戦打撃論』という本を教科書にして、1ページ目から解説。途中で、稲垣さんがバットを持って、解説が入る。ただただ、すごいなと思いましたね」

どうやら、「選手作りがうまい」という噂を聞いた3年生が、稲垣監督に「野球を教えてください」と頭を下げたという。それをきっかけにして、毎週土曜日、泊りがけでの勉強会が始まっていた。

「稲垣さんが、3年生に『岩井も呼んでやれ！』と言ったみたいなんです。それで、おれが呼ばれることになった。すでに稲垣さんはおれの性格を見抜いて、いずれは指導者にしようとしたのか、あるいはチームの中心選手にしようとしたのか、それは聞いてないからわからないけど、そこから勉強会に出るようになりました」

1年の秋に『張本勲の実戦打撃論』の解説が終わると、今度は投手指導の講義が始まった。そのときにテキストとして使ったのが、稲垣監督自らが記した『投手の見方と造り方』だった。

大学は東北福祉大に進み、卒業後の1992年には稲垣監督が指揮を執っていた花咲徳栄のコーチに就いた。今度は監督とコーチという立場で、ピッチャーの育成術を学び続けた。そばにいることで、確信したことがあった。

「高校生のときから聞いていたけど、稲垣さんの理論には納得できないところがひとつもない。よく言っていたのは、万人に通用するのが理論であり、野球人にしか通用しないのが理屈である。『美人さんとか、お父さん、お母さんが聞いても、納得できるのが理論なんだ』という言い方をしていましたね」

技術論だけではない。指導者としてどうあるべきかを教えてくれたのも、稲垣監督だった。『投手の見方と造り方』の中には、昭和20年（1945年）から10年区切りで、変わりゆく高校生の気質について触れてあった。「昭和60年から」の項にはこう記されている。

「現在はある意味では指導者の受難時代とも言える。教えて、納得させて、ともに練習に取り組み、その成果が選手自身の目に見えて、初めて指導者を信頼する時代である。現在こそ、指導者の根気の時代とも言える」

初めて、この文章を目にしたときには驚いた。2018年の今にも、十分あてはまることではないだろうか？

野球理論から指導者としての心得まで、あらゆることを教えてくれた稲垣監督は、2000年秋に練習試合の最中に倒れ、そのまま帰らぬ人となった。68歳だった。あとを継いだ岩井監督は、2001年夏に初めての甲子園出場を果たすと、その後は埼玉を代表する強豪へ。2017年夏には春夏9度目の出場にして、全国の頂点に立った。

『甲子園塾』で見せた投手育成法 アウトローこそが投手の原点

ここからは、具体的な投手指導論について説明していきたい。

「稲垣さんが重視しているのはフォームです。センスがなくても、フォームを作れば、思いどおりのところに投げられるという考え。そもそも、センスという言葉が大嫌いで、口にしようものなら怒られましたね」

では、いいフォームとはどんなフォームか。

「稲垣理論でいえば、『その人の運動能力、身体能力に合っていて、バランスがよく、重心移動がしっかりと行われ、ボールに力を集結できているフォーム』。これができれば、アウトローに誰でも投げられるようになる。『狙ってアウトローに投げるのはアマチュア、投げればアウトローにいくフォームを作るのがプロ』というのが稲垣さんの考えでもありました」

極論をいえば、目をつむってでもアウトローにいくのがプロとなる。アウトローを狙うのは、バッターの目から一番遠いため、ヒットはあったとしても、長打の可能性は少ないからだ。

岩井監督は2017年12月に、日本高野連が主催する『甲子園塾』(若手指導者育成のための学びの場)で講師を務めた。岩井監督のテーマは、ピッチャーの育成方法だった。持ち時間は2時間。この時間内で、市立尼崎高校（モデル校）の投手陣が投げるボールの質が、すぐに変わったという。どのような指導で変えていったのか。これを知ると、岩井監督の指導方法の一端が見えてくる。

「稲垣さんの教えに、『2時間教えて、そのピッチャーのコントロールやキレ、スピードに変化なき場合は教えるほうが悪い』という考えがありました。甲子園塾は、ちょうど2時間。何を教えるか、考えましたね」

まるで試されているかのようだった。2時間で何ができるか、優先順位を決めた。

①重心移動で投げる→前ヒザの角度を知る（写真P96）

「最初に重心移動の話をしました。特に、踏み出した足のヒザの使い方。着地したときにヒザが突っ張っていれば、当然バランスは悪くなって、コントロールが安定しない。じゃあ、自分に合った重心移動の場所とはどこなのか。前方にジャンプして、両手を横に広げた状態で、踏み込み足だけで止まってみる。そこから腕を振る。バランスが悪いと、ピタッと止まることができません」

わかりやすくいえば、飛行機のような姿勢だ。投げ終わりをイメージして、地面と平行になるぐらい背中を倒していく。

10回ほどジャンプをして、片足（右投げは左足）でピタッと止まる動作を繰り返す。このときのヒザの角度を覚えたあとに、キャッチボールに入った。

「わかりやすくいえば、投げ終わりの姿勢をちゃんと考えようということです。投げ終わりがよければ、重心移動がしっかりとできていて、ボールに力を集結させることもできている。フィニッシュを見れば、いいボールがいったかどうかわかります」

このアドバイスだけで、ボールの質が明らかに変わったという。

なお、踏み込んだヒザの角度によって、「コントロールの高低が決まる」というのが稲垣理論の考え方だ。ヒザを突っ張れば高めにいき、曲げれば低めにいく。高めに抜けるような球が多ければ、手だけで修正しようとするのではなく、ヒザの角度に着目したほうが改善されやすいという。

②回転を使う→利き手側の肩甲骨を相手に見せる

同時にこんなポイントも加えた。

「投げ終わりで、肩甲骨（右投げは右の肩甲骨）が相手に向くように投げてみて」

これにはどんな意図があったのか。

「腕を振り下ろすだけなら、右手は左ヒザの内側（右足側）にきます。それが、肩甲骨を見せようとしたら、体に回転が加わり、右手は左ヒザの外側にいく。これが正しい腕の使い方で、結果的に背筋を使える投げ方になる。投げるというのは、重心の移動と回転によって成り立つことを知るのにもつながります」

ここで問題になってくるのが、歩幅（ステップ幅）だ。歩幅が広ければ重心移動は大きくなるが、回転はしづらくなる。

「プッシュ（重心移動）とスイング（回転）で考えたときに、どっちの力が強いか。球速を出すなら、スイングのほうが強い。ピッチャーのタイプにもよるけど、清水は歩幅を狭く、5足半にして回転重視で投げていました。だから、150キロ近いスピードが出ていたわけです。綱脇も冬場に歩幅を狭くしてみたけど、上半身の力が弱いこともあり、うまく投げられなかった。それもあって、重心移動を使った投げ方にしました。それでも、入部してきた頃よりは歩幅は狭くなっています」

歩幅が広いことによって、回転の力が弱くなっているピッチャーもいるというわけだ。

③足を真っ直ぐ踏み出す→つま先をアウトコースに向ける

次に指導したのは、コントロールの付け方だった。そこで、カギになるのがステップだ。

「よく、〝真っ直ぐ踏み出す〟と言うけど、〝真っ直ぐ〟とはどこなのか。ほとんどの人が〝キャッチャーに向かって〟と言うわけです。でも、はたしてそれでいいのかなと」

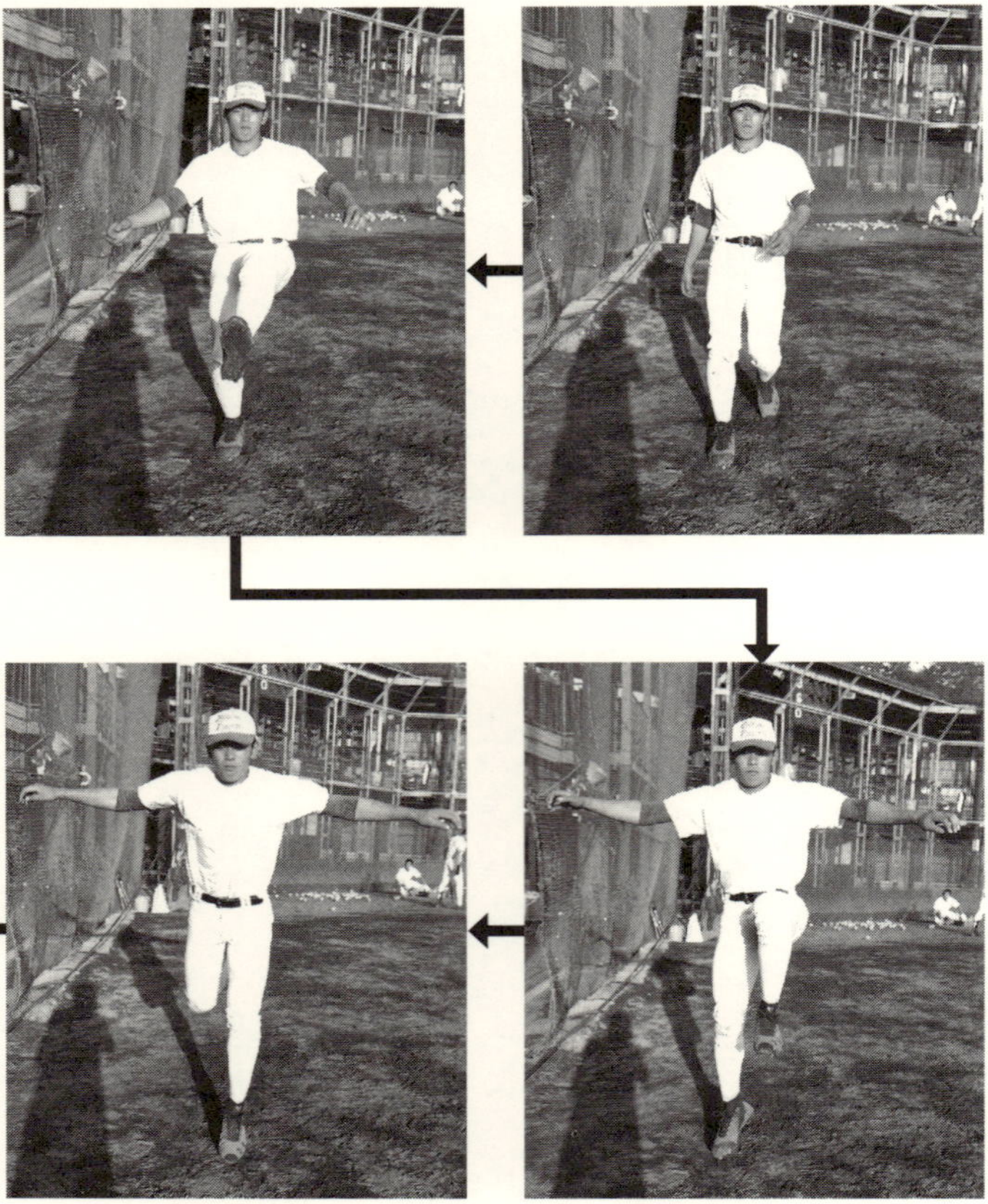

前ヒザの角度を知る（バランスチェック）

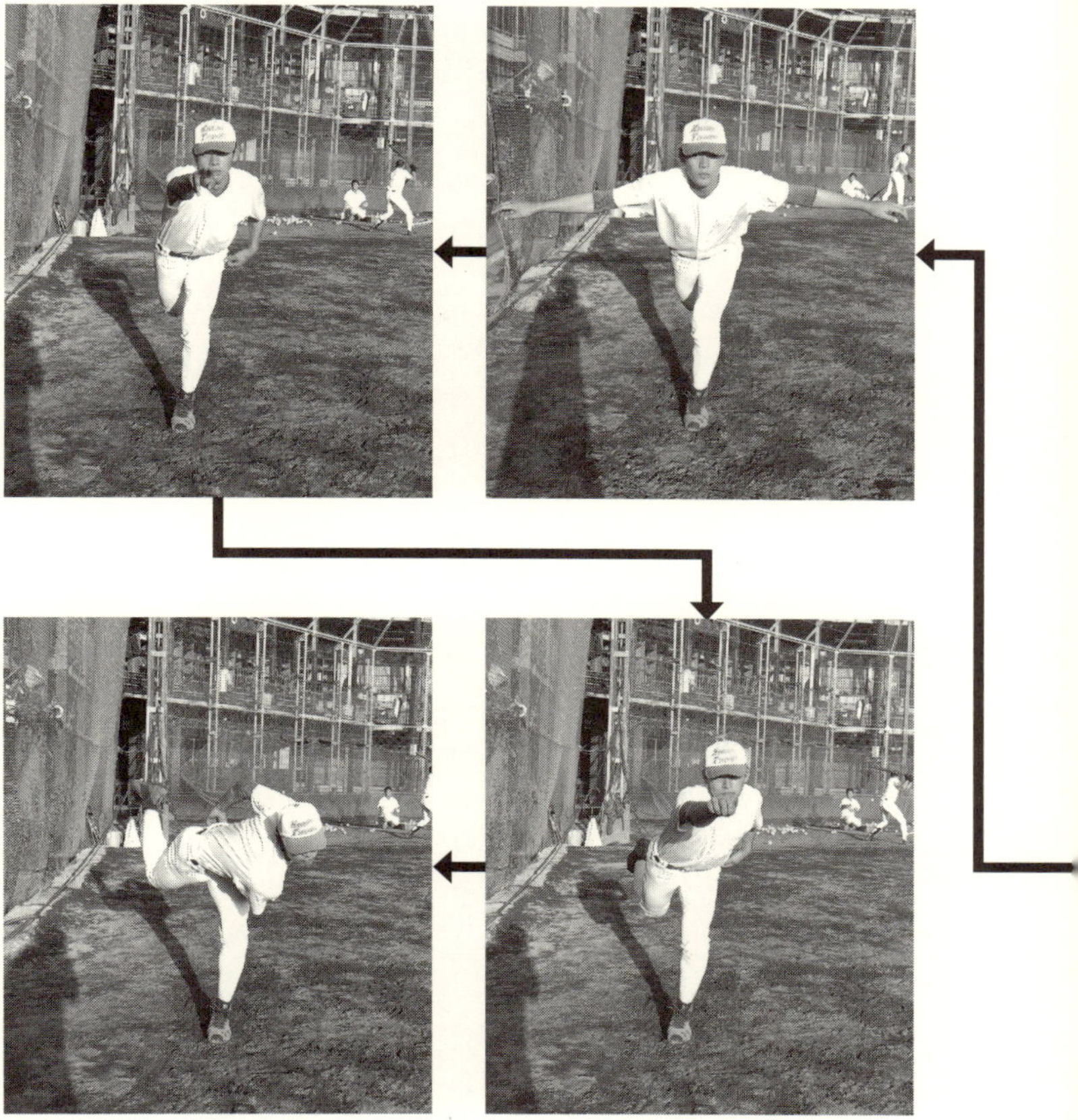

前方にジャンプして、両手を横に広げた状態で踏み込み足だけで止まる。

岩井監督の考えは、投げたい方向につま先を真っ直ぐ踏み出す。花咲徳栄の場合はアウトローが基準となるので、軸足のかかとからアウトローに結んだ線上に踏み出し足をステップする。練習では、地面にラインを引いて、目で確認できるようにしておく。

このステップを、岩井監督は「1のステップ」と呼んでいる。これが基本となるが、スピードを求めるのであれば、少しだけ内側に踏み出す考えもある。

・1のステップ＝軸足の「かかと」とアウトコースを結んだ線上に踏み出す
・2のステップ＝軸足の「土踏まず」とアウトコースを結んだ線上に踏み出す
・3のステップ＝軸足の「つま先」とアウトコースを結んだ線上に踏み出す

少しずつ、踏み出し足のステップを内側に入れるということだ。内側に入れる分、体のひねりを使うことができ、スピードが出やすくなる。ただし、疲労がたまりやすく、シュート回転で抜けやすいというリスクもあるため、高校生の段階ではあまり勧めていない。花咲徳栄では、岩井監督がピッチャーの力量を見ながら、「もうちょっと、中に入れていいよ」とアドバイスを送る程度だという。

もうひとつ、ステップの話で重要なのは「足の力」である。特に、内転筋群の力が重要となる。

「回転によって生まれた力が、踏み込んだ足のヒザや足首にかかってきます。それを押さ込むだけの力がないと、ヒザが割れたり、足の裏がめくれたりして、力が逃げてしまう。回転に対する抵抗力が弱い。これが、コントロールの乱れにもつながっていきます」

よく、「ピッチャーはランニングが大事」と言うが、走るだけでは抵抗力は付いてこないという。それに特化したトレーニングが必要になってくる。花咲徳栄ではさまざまなトレーニングをしているが、バットスイングの際に前足の踏み込みを意識することでも、抵抗力を鍛えることができる。ただし、右投げは右打ち、左投げは左打ちでバットを振ること。右投げ左打ちになると、踏み込む足が変わってしまう。

④リリースポイントを安定させる→右投げは右目の前でリリース

下半身がステップの位置としたら、上半身はリリースポイントが、コントロールの安定につながっていく。

「踏み出すステップの場所が決まり、ヒザの角度も決まったとなれば、あとはリリースポイントが一緒なら、『何球投げても同じところに投げられる』となります」

甲子園塾で伝えたのは、「右投手は右目の前、左投手は左目の前で、リリースするように」

ということだった。実際に投げるときには、もう少し後ろでリリースされるが、意識としてはいつも同じところで放る感覚を持っておく。

2015年秋の関東大会で、マウンド上にいた高橋昂也（広島）がこのリリースポイントの確認を何度もやっていた。左手をグッと伸ばして、左目の前まで持っていき、「ここで投げる！」という意識付けをくり返していた。

「重心の移動がよっぽど崩れていない限りは、リリースポイントが一定であれば、試合で大崩れしないと考えています。でも、それは簡単なことではなく、ピッチャーにとっては、リリースポイントを一定にするのは永遠のテーマ。覚えるのに、どれだけの時間がかかるかわからない。だから、『おかしいなと思ったら、確認しておけ』と言っています。頭でわかっていたとしても、手に教え込まなければ意味がないわけです」

話しを聞いていて、疑問に思ったことがひとつある。ストレートも変化球も、リリースポイントは一緒でいいのだろうか？

「スライダーやフォークは、右目（右投手）の前でいいけど、カーブについては感覚的にはそれよりもちょっと上。ストレートと同じ位置で投げたら、ワンバウンドしてしまいます」

「ちょっと上」という感覚がわからなければ、重心移動で調整する方法もある。ストレートを投げるときよりも、前ヒザを少し突っ張らせる。こうすることで、リリースの位置が高くなり、カーブのコントロールがつきやすくなる。

花咲徳栄ではチューブを使って、リリースの位置を体に染み込ませている（写真P106）。ネットにくくりつけたチューブを上体の力で引っ張ってきて、右目（右投げ）の前にセット。そこまで持ってきたあとに、ストレートを投げるイメージで、人差し指と中指を使って、チューブをバチンと叩く。

稲垣監督から伝わる理論であるが、岩井監督も「指の力」を重視している。どれだけいいフォームで投げていたとしても、指の力がボールに伝わらなければ意味がない。当たり前のことだが、どんなピッチャーでも最後は指でボールを投げる。指を鍛えるために、稲垣監督時代から続けているのが、鉄アレイを使ったトレーニングだ。P107の写真を見て、参考にしてみてほしい。

「特に軟式出身のピッチャーに感じることだけど、硬球は最後に指で抑え込んで、ボールに回転をかけないと、いいボールが投げられない。軽い軟球にはその感覚がないので、硬球を投げるとどうしても上に抜けてしまう。指の力をつけることによって、それが改善されていきやすい。この感覚がわかれば、軟式出身のピッチャーはよくなっていきます」

また、「目」について補足しておくと、岩井監督はアウトローに投げるための目の使い方も指導している。

「振りかぶったときに、右目（右投げ）で楽にアウトローが見えているか。右目でアウトローを見たまま、腕を振っていく。左目で見ようとすると、どうしても体をひねりすぎてしまうピッチャーがいます」

これは、セットポジションでも同様で、左目ではなく右目で、アウトローを視界にとらえておく。

ここまでのポイントを意識しながら体に染み込ませていくのが、花咲徳栄で実践している3種類のシャドウピッチングだ。「1番」「2番」「3番」という呼び名で、投手陣必修のトレーニングとして定着している（写真P108〜111）。

イップスを予防するキャッチボール「アーム投げ」も大いにあり

8年ほど前に、「岩井監督がイップスの直し方について研究している」という話を、知り合いの指導者から聞いたことがあった。じつは今回の取材を岩井監督にお願いしたのは、イップスに関しても持論があると思ったからだ。イップスで悩むピッチャーは、高校生にも多い。

「最初に言っておくけど、『イップス』という言葉を作った人が悪い。イップスなんて言葉を使わないほうがいいよ。だいたい、イップスになりかかるピッチャーはもともとコントロールがよくないことが多い」

それでも、イップスを勉強した時期はやはりあったそうで、専門家の元に足を運んだこともある。

「イップスになったピッチャーがいたことで、いろいろと勉強しました。『イップスを直せる』とまでは言えないけど、処方箋というか、予防はできるかなという感じです」

花咲徳栄ではキャッチボールの最初に「バックステップ」を取り入れている（写真P112）。後ろにステップして、近い距離をフワッと投げるだけなのが、これが予防につながっているそうだ。

「バックステップで投げると、そのピッチャーが一番放りやすい腕の角度で投げようとするんです。無意識の中で投げている。おれはそれを見ながら、『このピッチャーはここらへんがいいんだな』と確認しているわけです」

バックステップのときは、どの選手もクセのないフォームで投げていた。体に無理がないところで、腕を振っているからだろう。毎日、このバックステップで投げることで、気持ちよく腕を振る感覚が身につき、その結果としてイップスの予防につながっていると推測できる。

「そういう視点で見ると、〝アーム投げ〟というのはおれの中では有り。本人が投げやすければそれでいい。中日に入った清水は、いろいろと悩んだ時期があって、3年春から後ろを大きくするアーム投げにしてみたところ、本人にはそれが合っていた。バックスイングを小さくすることもやってみたけど、そうするとリリースのタイミング合わなかったんです」

かつて、イップスになったピッチャーも、バックスイングを大きくして、アーム投げにしたら、改善に向かったという。「遠投するときはバックスイングが大きくなるんだから、それが自然なんじゃないの?」と声をかけた。

ただ、体が早くキャッチャー方向に突っ込み、前の肩が開いてしまうクセがあったので、それは目線で修正した。一塁ベース(左腕)を見たまま、重心の移動を行い、腕を振る直前にキャッチャーを見る。稲垣理論から反する考え方ではあるが、悩むピッチャーを前に、臨機応変に考えるようにした。

「9割は稲垣さんの理論がベースになっているけど、そこからいろいろ勉強して、新たに加わっていることもあります。野手出身なので、野手としての視点も持ちながら。今、高校野球で勝つにはタテの変化が絶対に必要。ただ、アウトローが原点という考えはこれからも変わらないと思います」

恩師の教えに、岩井監督の学びを加え、花咲徳栄の投手育成メソッドができあがっている。今後も、プロを狙えるピッチャーが育っていくのは間違いないだろう。

チューブトレーニング 動

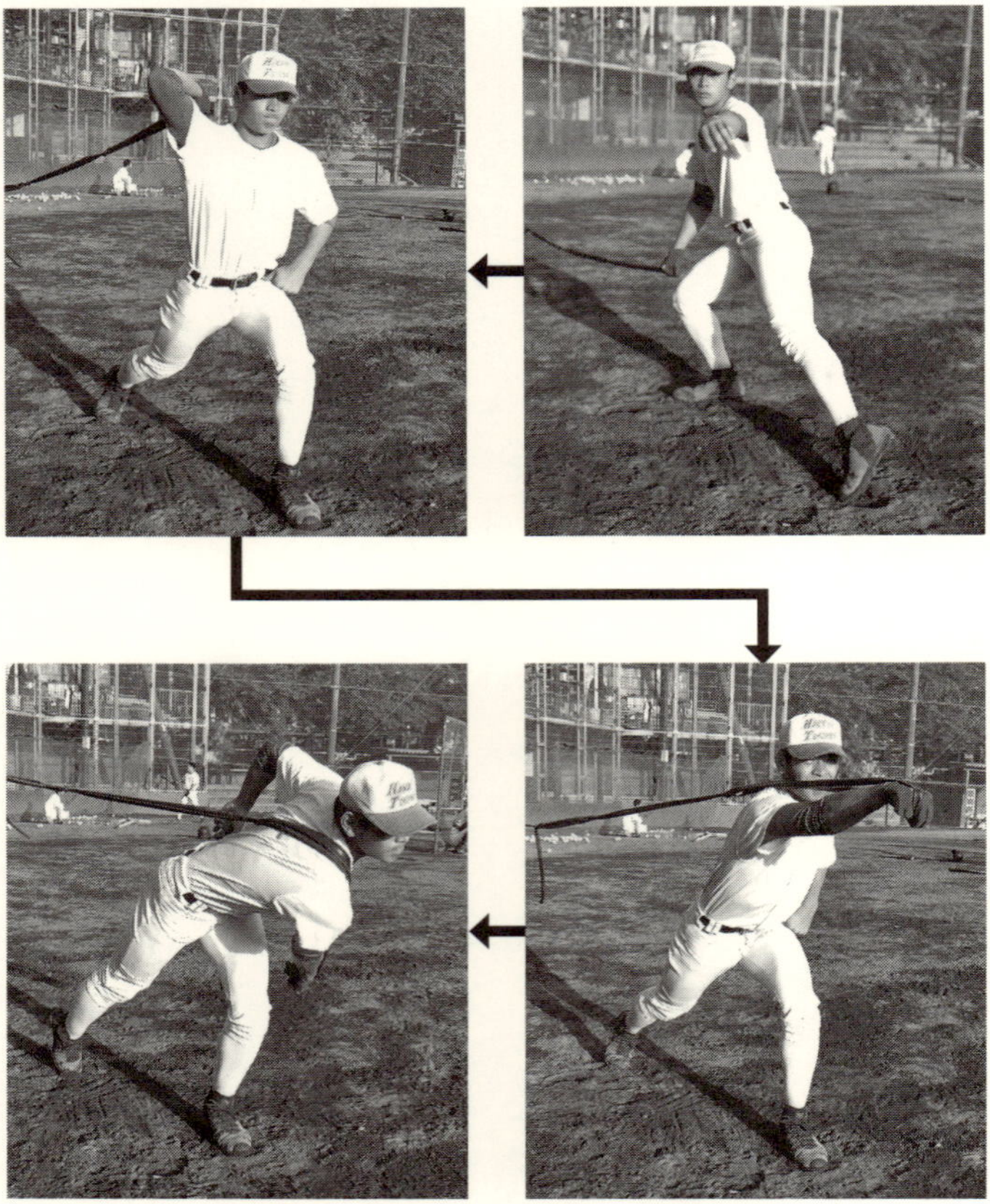

ネットにくくりつけたチューブを、人差し指と中指だけで引っ張り、右投手なら右目の前まで持ってくる。リリースの位置を確認したあと、ストレートを投げるイメージでチューブをパチンと叩く。

チーム作り
打撃
投手
守備
捕手
走塁
体作り

指力（鉄アレイ）　動

鉄アレイ（5キロ前後）の球体部分を、ストレートと同じ握りで持つ。持ち上げるときに、指から離し、空中で鉄アレイを握る。「離す→握る」の動きをくり返す。

動 がついたメニューは動画で確認できます。8ページをご覧ください。

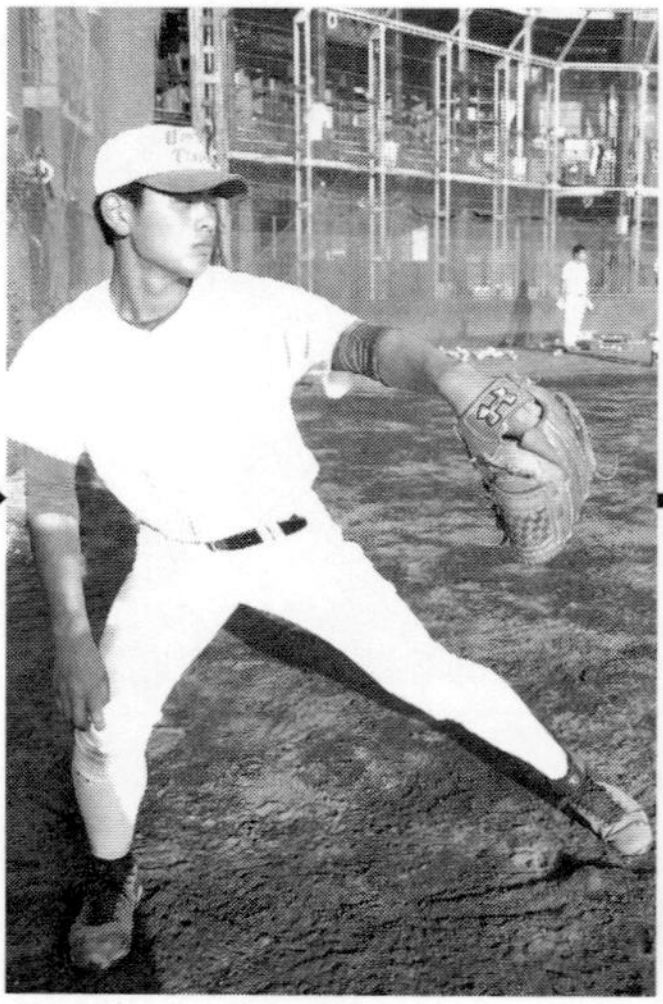

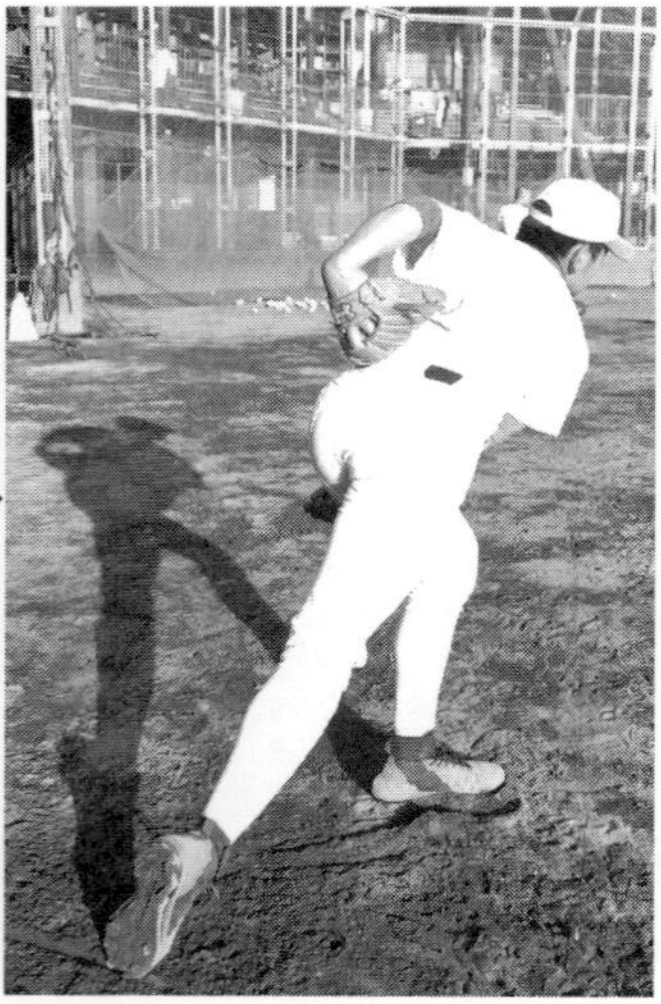

動 シャドウ1番

重心の移動を意識。あらかじめ、前足を踏み込んだ状態からのシャドウで、前足は軸足のカカトとアウトコースを結んだ線上に置いておく。軸足は地面に残したままで、このほうが頭のブレが少なく、コントロールがつけやすい。

動 がついたメニューは動画で確認できます。8ページをご覧ください。

110

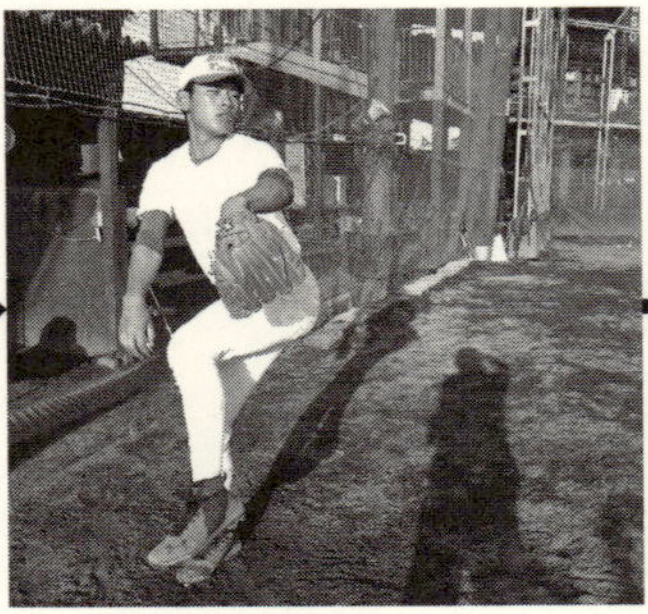

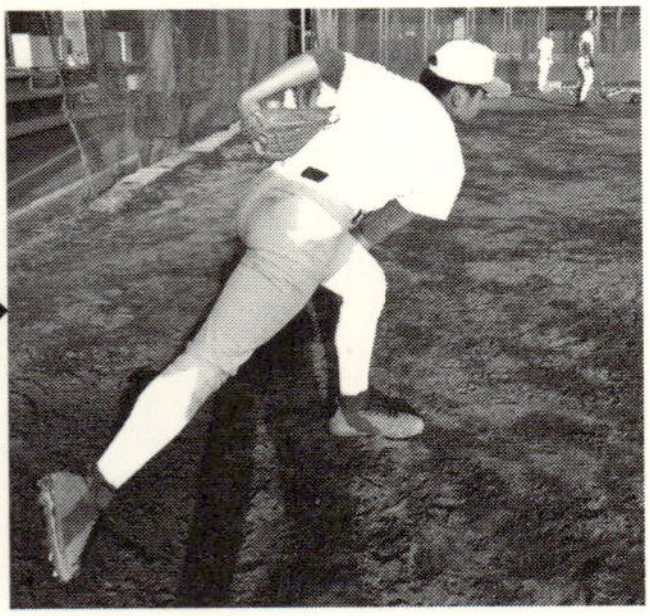

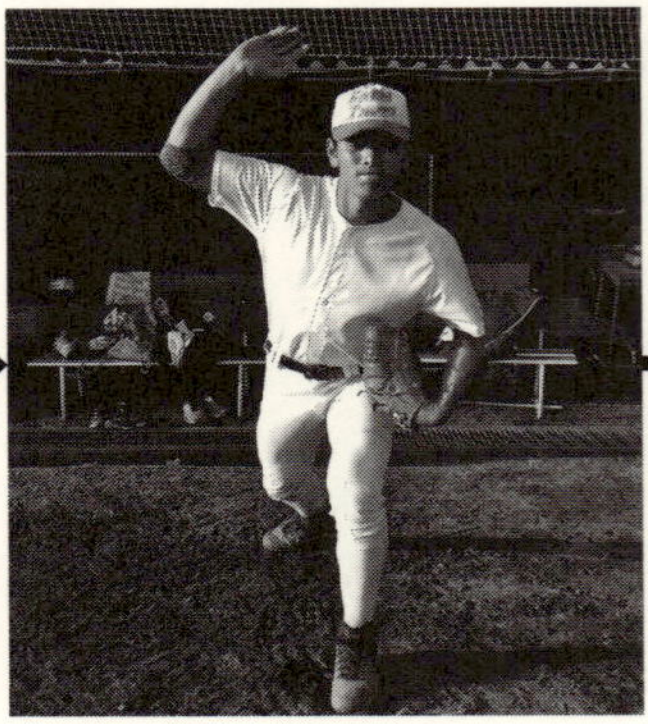

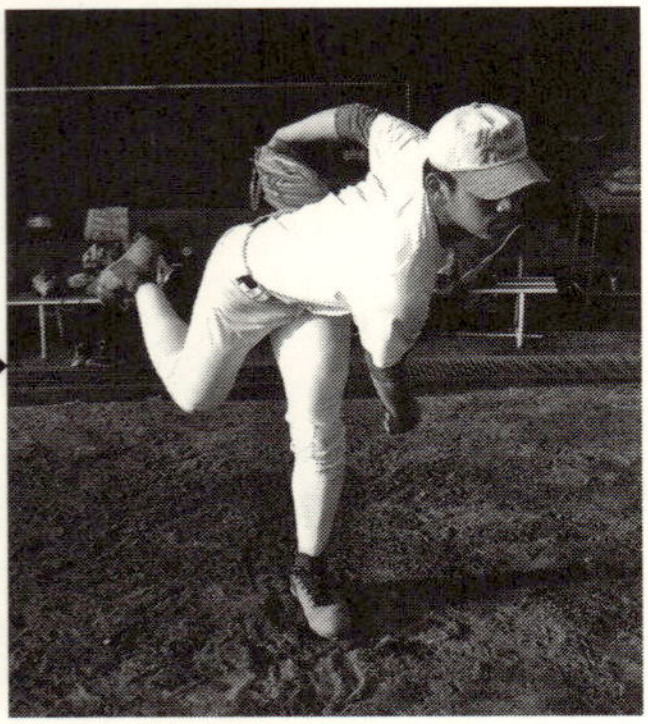

動　シャドウ2番

ワインドアップを入れてから、「1番」の動きに入る。実際の投球に近いフォームの中で、重心移動やステップの方向性を意識する。
プレートを踏む際、軸足の内側を捕手方向にしっかり向けることもポイントになる。

動　シャドウ3番

1番と同じ動きの中で、最後に軸足を開放する。一本足でバランスよく立てるかどうかがポイント。フィニッシュでは、利き手側の肩甲骨をキャッチャーに見せる意識を持つ。

バックステップ

後ろにステップして、近い距離をフワッと投げる。無意識に一番放りやすい腕の角度で投げるようになるので、ピッチャーの特性が分かるうえ、イップスの予防にも効果的。

横浜DeNAベイスターズ

今永昇太「投球術」

チェックポイントが少ない方が投球は安定する

プロ2年目の昨季、11勝7敗、防御率2.98の好成績を収めた今永昇太。軸となっているのが、球速表示以上にキレを感じるストレートだ。どんな感覚で投げているのか。若き左腕の投球術に迫った。

“プロの極意”
現役プロ野球選手が語る技術論

今永昇太の「投球術」とは？

一

「軟らかいボール」を投げる意識を持つ

子どものころに遊んだ「軟らかいカラーボール」を投げる感覚でそのまま硬球を投げる。こうすることで、きれいなスピンで浮き上がるようなイメージを持つことができる。

二

チェックポイントは極力「シンプル」に

フォームのチェックポイントが多いと、どうしても不調時に落とし穴にはまりがち。例えば、基本的にはリリースのみを意識するなど、余計なチェックポイントは増やさないように心がける。

三 シーズン中でも状況に応じたモデルチェンジを

たとえシーズンの途中でも「違うな」と感じたら変化を恐れずに試してみる。試行錯誤すれば、それが良い結果を生むこともある。ダメなら、戻せばいいだけと割り切ることも大切。

四 ストレートも変化球も、「腕を振る」ことが最重要

どんな球種でも、まずは「腕を振る」ことを意識する。「ストライクが欲しい」「空振りして欲しい」といった余計な欲を出すと結果はあまりついてこない。結果ではなく、自分がやれることだけを意識する。

五 投手の生命線はあくまでも「ストレート」、それを決して忘れないこと

どんなに豊富な球種があっても、それを生かすのは結局、ストレート。特に高校生のうちは自分の思い描いた最高のストレートを投げられるよう、いろいろなきっかけをつかむ練習をしてほしい。

カラーボールを投げるイメージを持つ
好調時は軟球を投げている感覚になる

――今永さんのスピンが効いたストレートに憧れを抱く高校球児が増えてきています。ストレートはどんな意識で投げていますか。

今永　野球をやっている人であれば、小さい頃にゴムボールやカラーボールで遊んだ経験があると思います。ぼくもよく遊んでいたんですけど、軟らかいボールを投げると、ピューッと浮き上がりますよね。

――ホップしているように見えますね。

今永　そうです、そうです。ぼくは硬式ボールを投げるときも、同じイメージを持っています。カラーボールが浮き上がるようなイメージを持っておく。投げるボールが、ただ硬式ボールに変わっただけだと思うようにしています。

――こうした感覚はいつ頃から持っていたんですか。

今永　高校生になってからですね。小学生のときは公園でよく野球をしていて、中学生のときも休み時間にカラーボールで遊んでいました。ぼくの投げ方は、カラーボールで培ったものかもしれません。だから、そのイメージのまま、硬球を投げられたらいいなと思ったのがきっかけです。

――リリースの感覚は「つぶす」とか「切る」とかいろんな表現がありますが、今永さんはいかがですか。

今永　あんまり考えてないですけど、調子がいいときは軟式ボールを投げている感じになりますね。軟球は軟らかいので、リリースのときにボールがつぶれる。それが硬いボールに変わっても、つぶれるような感覚があるんです。

――面白い感覚ですね。練習であえて柔らかいボールを使うことはありますか。

今永　ありますね。調子が悪くなってきたなと思ったら、子どもが使うボールを買ってきて、球場でキャッチボールをします。全力で投げたら、ボールが軽すぎて肩を痛めてしまう可能性があるので、リリースの感覚を思い出す程度ですけどね。そのあとに、硬球を投げると、ボールの重さを感じられるので、いい感覚が戻ってくることがあります。

――握りはどんな感じで持っていますか。

今永　（実演）こんな感じですね。

――人差し指と中指の間は結構、開いているんですね。くっつけているのかと思っていました。

今永　そうですね、開き気味だと思います。

――握りのポイントはありますか。

今永　じつは昨シーズン（2017年）の後半から握りを変えています。縫い目の「く」の向きが中指に向くようにしてから、ストレートがよくなりました。プロ野球の公式球にはミズノのマークが印字されているんですが、それを目印にするようにしています。

――縫い目のカーブに沿って、中指と人差し指を置く感じですね。

今永　そうなります。それまでは、あんまり考えずに握っていたんです。

――それは意外な話ですね。

今永　ただ、試合によってはストレートの状態が悪いときがあります。そのときは、ボールを4分の1ほど回して、「く」が人差し指に向くようにします。これだけで指先の感覚が変わり、新しい感覚で投げることができます。

――調子がいいときは、このあたりにマメができるといったことはありますか。

今永　あんまりないですね。中指の先に小さいマメができるぐらいで、そのマメがつぶれたり、爪が割れたりといったことはありません。

今永昇太の「ストレートの握り」

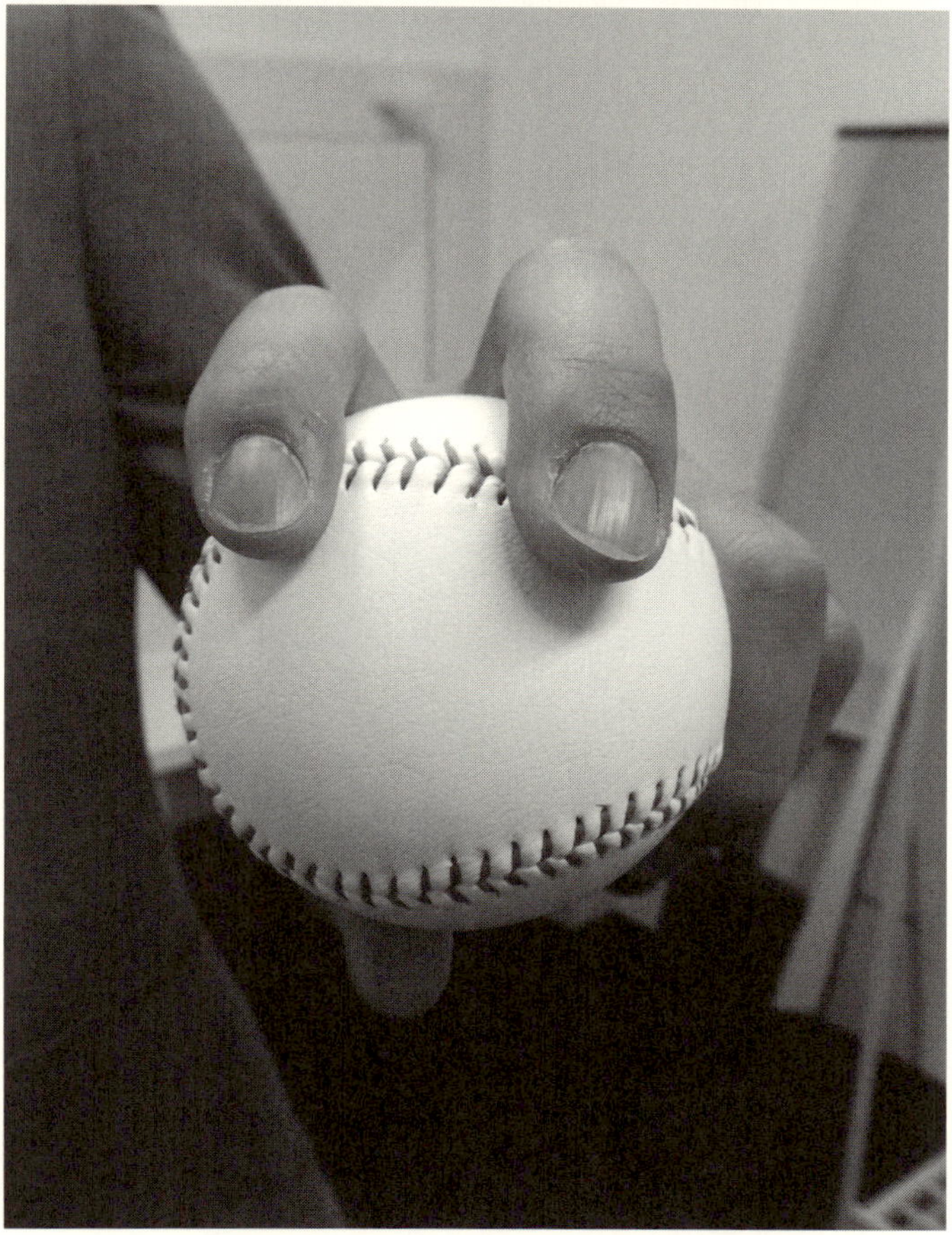

人差し指と中指の幅はやや広め。2017年後半から縫い目の「くの字」が中指側になるように握りを変えたが、調子が悪い際などは逆向きで握って指先の感覚を変えることも。リリースの瞬間だけを意識し、カラーボールや軟球など「軟らかいボールを投げる」感覚を大切にしている

フォームで意識するのはリリースのみ
調子が悪いときほど考えすぎる

——ピッチングフォームを見ていると、リリースの瞬間に最大限の力を集中させているように見えます。フォームで意識している点はありますか。

今永　今言ったように、カラーボールの感覚で投げることだけです。どこをどう動かすと考えると、いい球は投げられません。特に一番意識してはいけないのが、テイクバックだと思っています。意識してしまうと腕が振れないので、何も考えずに体の動きに任せる。理想は「自分が投げやすいフォームで投げる」です。

——足の上げ方だったり、グラブの使い方だったり、いろんなところを気にしている高校生はたくさんいます。

今永　ピッチャーをやっている選手ならわかると思いますが、調子がいいときは何をやってもうまくいきます。ボールをセットした時点で、アウトコース低めに投げるイメージが湧くもの。でも、調子が悪いときはどうにもならない。そこでいろんなことを考えると、あまりうまくいかないので、チェックポイントはどれかひとつにしたほうがいいと思います。

——今永さんであれば？

今永　リリースです。カラーボールのように投げられているときは、それまでの過程もすべてがいいということになります。

——そのポイントを見つけるのも、ピッチャーにとって大事な仕事になりますね。

今永　何かの記事で読んだのですが、車は前輪だけを動かすから、安定した走行ができると。もし、車に4つのハンドルが付いていて、前輪も後輪も別々に動かそうとしたら、絶対にうまく走れないですよね。ピッチャーも同じで、意識するところが少なければ少ないほど、安定感が増すと思います。

——2017年シーズンの中盤には、右足の上げ方を少し変えているように感じました。

今永　あれは……、リリースを意識してもどうにも直らなかったときです。何か良くなるためのきっかけを作ろうと思って、いろいろとやっていましたね。

——ある意味では、何かを意識してフォームを作ることは「学生時代に終わった」とも言えるのでしょうか。

今永　どうですかね、学生時代もプロに入ってからも共通しているのは、「いろんなことを考えすぎているときは調子が悪い」ということです。足はこう上げて、グラブはこう使って考えると、動きが固まって、分解写真のような動きになってしまう。だから、全体の動きを連動させるためにも、極力何も意識しないことを心がけています。

改良を加え続けたチェンジアップ
右バッターのインコースを狙う

――変化球についても教えてください。2017年シーズンは、チェンジアップが冴えわたっていました。特に後半戦に決め球として生きていたように感じます。

今永 シーズン前半・後半とクライマックスシリーズでは、すべて違うチェンジアップを投げていました。

――それは驚きです。

今永 シーズン前半は、小指と人差し指で握る投げ方。この2本であれば、指に力が入りづらいので、腕を振ったとしてもボールがいきにくいのです。ただ、力が入りにくい分、不安定なところもあって、思い切り腕を振れないという課題がありました。シーズン中盤以降、チェンジアップを投げているのに、相手のバッターがなかなか泳いでくれないというシーンが何度かありました。

――そこで改良を加えたのですね。

今永　はい、後半戦からは中指と薬指ではさんで、スクリュー気味に落とすイメージを持つようにしました。それが後半戦にはまって、勝利に結び付いたんですけど、ずっと投げていることでバッターに対応されるようにもなったんです。チェンジアップを拾われて、ヒットゾーンに落とされてしまう。泳がせているのに拾われる。どうしようかと考えているうちに、シーズンが終わりました。

――そのあとにクライマックスシリーズに入り、日本シリーズでは第二戦、第六戦と二桁奪三振の好投を見せましたね。

今永　ＣＳでは中継ぎだったので、チェンジアップはほとんど使っていません。新しいチェンジアップを投げ始めたのは日本シリーズが始まってからで、登板前日のブルペンで「真ん中にチェンジアップを落としたら、どうなるだろう」とふと思ったんです。

――そんな直前のことだったんですね。

今永　今までは右バッターの真ん中を狙って、アウトコースに落とす軌道だったんですが、新しく取り入れたのはインコースを狙って、真ん中低めに落とすもの。こういう軌道のチェンジアップはなかなかないので、バッターにも迷いが生じるのかなと。そうした

ら、日本シリーズで見事にはまりました。(図P131)

――握りはそのままですか？

今永　変えていないです。投げる目標だけを変えました。

――右バッターのインコースにチェンジアップを投げるのは、かなり難しいようにも思うのですが。

今永　引っかかりすぎたらインコースのボール球になり、腕が振れて予想以上にボールが抜けた場合はアウトコースにいく。体の使い方としてはインコースに投げるように向かっているので、バッターは一瞬、腰が引けたようになります。外の甘いコースでも、腰の抜けたスイングになることがありました。

――なるほど、「インコースに投げるぞ」と思わせることも大事なんですね。シーズン途中から、プレートの踏む位置を「一塁側から三塁側に替えた」という記事を読みました。その関係で、右バッターのインコースにチェンジアップを投げやすくなったこともあるでしょうか。

今永　それはあると思います。

――替えた意図はどこにありますか。

今永　シーズン前半は右バッターのインコース、左バッターのアウトコースに対する投げミスが多くありました。両方ともクロスの軌道。クロスの投げミスを減らすために、角度を消そうと思ったのです。そうしたら、そこに投げることの不安がなくなって、その結果として腕が振れるようになっていきました。

――三塁側を踏んだのは、もしかして初めてですか？

今永　初めてです。「左ピッチャーは一塁側から投げる」という考え方が基本だと思います。でも、そのときは結果が出ていなかったので、思い切って替えてみようと。それがうまくいきましたね。

――チームメイトの濱口（遥大）さんが、素晴らしいチェンジアップを投げていますが、その影響はありましたか。

今永　少なからず、ありますね。チェンジアップってこんなに効果的な球種なのかと思いましたから。

――高校生がチェンジアップを投げると、腕の振りが緩んでしまう傾向があります。何かアドバイスをいただけますか。

今永　今シーズン途中でわかったことは、「チェンジアップでストライクを取りにいってはいけない」ということです。チェンジアップは欲を出してはいけない球種。全部、ボール球でいいと思って投げています。

――「ボール球を振ってくれたらいいな」という感じですね。

今永　いいえ、それも思ってないですね。見逃されて、ボールになっていい。「ストライクがほしい」「振ってほしい」と、余計な欲を出してしまうとダメですね。

――腕も振れなくなってしまう。

今永　そう思います。

曲がらないスライダーこそ究極の変化球
ホームベースを二分割にして狙いを定める

――2017年のクライマックスシリーズでは、カットボールを投げているようにも見えたのですが、球種として増やしたのでしょうか。

今永　クライマックスシリーズでいつも以上に力が入ったのもあってか、スライダーで140キロが記録されていました。ぼくの中では、カットボールというよりは速いスライダーです。

――大学時代から、変化球はスライダーを中心に投げていましたね。どんな感覚で投げていま

すか。

今永　理想はスライダー回転をしているけど、曲がらない球です。曲がらなくていいと思っています。

――その心は？

今永　バッターはこれまでの経験から、「こういう角度でこの回転なら、アウトコースやインコースに曲がっていく」といったイメージを持っていると聞いたことがあります。だから、スライダー回転なのに曲がらないと、対応しづらいはずです。

――変化球なのに変化しない。究極の変化球かもしれませんね。スライダーの握りは、どんな握りですか。

今永　人差し指と中指を縫い目にかけて、そのまま腕を振って投げています。ひねるような意識は持っていません。このとき、指のかかりがいいと通常のスライダーよりも球速が出て、カットボールのようになることがあります。だから、投げ分けているわけではないんです。（写真Ｐ１３２）

――どこを狙って投げていますか。

今永　ホームベースを半分に割って、右バッターのインコースに投げるのであれば、リリースの瞬間から（自分から見て）右側にいくように投げる。ホームベースの半分のところにカベを作る意識を持っています。（図P１３２）

――2分割なんですね。

今永　その結果として、腕を振って「抜けたスライダー」がいく分には構いません。バッターにとって、抜けたスライダーは打ちづらいと思うので。昨年も、これで空振りを取ることが結構ありました。

――右バッターのアウトハイ、左バッターのインハイに抜けるスライダーですね。

今永　抜けたスライダーも、バッターがイメージしづらい軌道だと思います。

――どちらにしても、腕を振ることが重要なわけですね。

今永　そうです。あとは、ストレートがあってこその変化球ということです。

ストレートがあっての変化球
調子が悪いときの対策を考える

――高校時代の話も教えてください。今永さんは県立の進学校・北筑高校の出身で、放課後の練習時間は2時間半程度だったそうですね。今振り返ってみて、高校時代にやっておいてよ

かったと思うことはありますか。

今永　ストレッチを含めて、日頃の練習から肩甲骨を動かす意識を持っていたことでしょうか。自分の体の中で、一番意識しにくいのが肩甲骨と足首の動きです。自分で意識して動かさないと、思ったようには動かせない。だから、野球だけではなく日常生活のときから、「足首を地面と垂直にして真っ直ぐ立つ」など、具体的な動きを意識するようにしています。

——その体の特徴は、人それぞれ違うのでしょうね。

今永　そう思います。それは自分でやりながら見つけていくしかないですね。

——逆に、高校時代にやっておけばよかったと思うことはありますか。

今永　高校時代はもっとストレートだけで勝負してもよかったのかなとは思います。スライダーに逃げてみたり、いろんなことに着手しようとしたりして、ピッチングがうまくいかなくなったこともありました。そういった経験をしたので、高校の最後の頃はストレートとカーブだけ。それでも、もっとストレートを磨けばよかったなと。もともと、変化球を投げるのが苦手なんですけど、高校時代からたくさんの球種を器用に投げられていたら、今みたいなスタイルにはなっていないと思います。結果的には変化球が苦手でよかったです。

――今の高校球児はいろんな球種を投げていますが、最後に高校生に対してメッセージをもらえますか。

今永　今の高校生は多くの球種を投げ分けていて、本当にレベルが高いと思います。ただ、変化球ももちろん大事ですが、それを生かすのはやっぱりストレート。ストレートをどれだけ磨くことができるか。高校生には、自分の思い描いたストレートに近づけるように、いろいろなきっかけをつかむ練習をしてほしいと思います。たとえば、調子が悪いときにこういう練習をしたらよくなったとか、ピッチャーとしてのパターンを増やしてほしいですね。

――調子がいいときばかりではないですからね。

今永　10回投げるとしたら、本調子で自分の力を出せるのは3試合ぐらいだと、自分は思っています。大事なのは、残りの7試合でどのようなピッチングをするか。どうすれば、自分のストレートを投げられるか。ぼく自身もまだまだ模索しているところで、こだわりのあるストレートをもっと磨いていきたいと思っています。

――今シーズンのさらなる飛躍を期待しています。今日はありがとうございました。

今永昇太「2017年のチェンジアップ軌道」

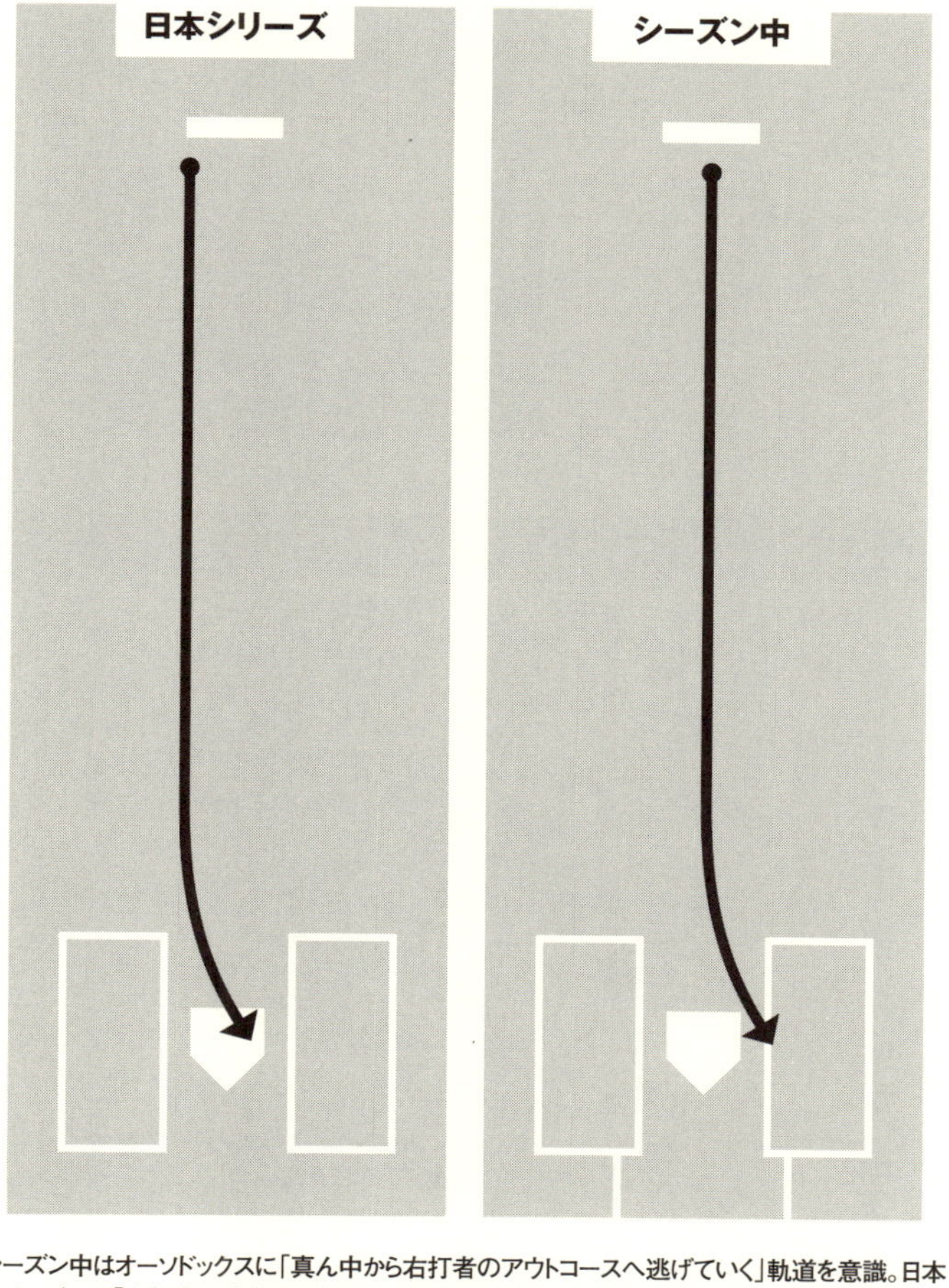

シーズン中はオーソドックスに「真ん中から右打者のアウトコースへ逃げていく」軌道を意識。日本シリーズでは「右打者の内角から真ん中低めに落ちていく」軌道に変更。セオリーとは違うため打者に迷いが生じ、奪三振ショーの大きな要因となった。

「スライダー」で意識すること

人差し指と中指を縫い目にかけて、ストレートと同じようにリリースする。「ひねる」、「切る」イメージはない。理想は「スライダー回転だが曲がらない」スライダー

ターゲットは2分割に

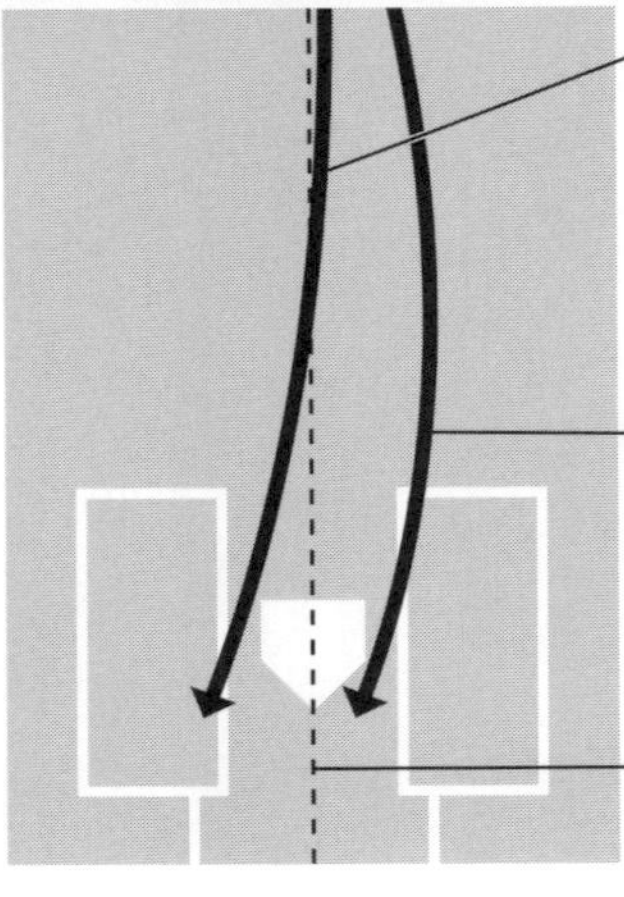

右打者のインコースを目がけて投げるのが基本。リリース時からホームベースの真ん中より右側（投手から見て）にボールがいくように意識するとってても打ちにくく、空振りをとれる確率も高い

万が一ボールが抜けて右打者のアウトハイ、左打者のインハイに「抜けスラ」がいっても、腕が振れていれば問題ない。打者にとっても打ちにくく、空振りをとれる確率も高い

ホームベースの真ん中に「壁」をイメージして、その壁よりも右側（投手から見て）に投げるイメージを持つ

第四章

明石商

狭間善徳 監督

「守備」

野球の「基礎」は守備
勝ち上がるためには絶対に必要なもの

前任の明徳義塾中時代に4度の日本一を成し遂げた中学野球界の名将は、高校でもセンバツベスト8に勝ち進むなど実績を残している。その野球を支えているのは、基礎を大事にした堅実な守備である。

狭間善徳の「守備」とは?

一 トーナメントは守れなければ勝てない

打力や投手力も大切だが、やはりトーナメントを勝ち上がるためには野球の「基礎」である守備力が絶対に必要。「基礎」があり、その上に「基本」があり、そこから「応用」へとつながっていく。

二 「備え」「間」「タイミング」「バランス」をキーワードに

まずはどんな球にも対応できるよう「備え」ておき、リリースから打球が飛んでくるまでの「間」を感じながらグラブを出す「タイミング」を決め、上半身と下半身の「バランス」を保ったまま送球に移る。

三

リリースポイントを保つために遠投は行わない

キャッチボールの距離は３０メートルまで。それ以上の距離になると、遠くに投げようとしてリリースポイントが上向きになってしまう。

四

ゴロ捕球時は体の左側にボールを置く

ボールの位置を体の中心からずらすことで、距離感が見極めやすくなり、次の動作へもスムーズに移行できる。

五

カットプレー時には外野手の捕球体勢をしっかりとチェック

内野手はまず、「外野手に近づいてから離れる」を前提に、外野手の肩の強さ、捕球体勢を瞬時に判断してカットプレーの距離を見つける。

六

ボールカウントによって守備位置を変える

バッターが強振しやすいカウント、逆に追い込んだ際など、打球方向を予測したうえで状況に応じて守備位置を変える。

堅実な守りでセンバツベスト8進出
技術向上のための4つのキーワード

2016年春、センバツ甲子園に初めて出場した明石商。日南学園（3対2）、東邦（3対0）を接戦で下し、準々決勝では龍谷大平安（1対2）に敗れはしたが、堂々のベスト8入りを果たした。スコアを見てのとおり、快進撃の原動力はピッチャーを中心にした堅実な守りにあった。センバツの3試合でエラーはひとつ、前年秋の公式戦でも12試合でエラーは8つ。守り勝つ野球で、甲子園の地で躍動した。

ここ数年の成績には目を見張るものがある。2011年春、2015年秋、2016年春、2017年秋、2018年春と、激戦区・兵庫を制覇。夏においては、2010年から8年連続でベスト8以上に進み、2015年からは3年連続で決勝の舞台に立った。明石商から巣立った松本航（日体大4年）は、今秋のドラフト候補としても注目を集めている。

変革をもたらしたのは、2006年に赴任した狭間善徳監督である。はじめはコーチとして指導にあたり、2007年の新チームから監督に就いた。マシン1台、ボールカゴ1箱、バッティングゲージ1台しかなく、夏の大会でふたつ勝つと「大健闘」と呼ばれるような学校だったが、そこから環境を整え、意識を変え、技術を伝え、常に優勝争いにからむチームに育てあげた。

狭間監督は明石南高から日本体育大に進み、会社員を経験したあと、明徳義塾高のコーチに就任。その後、明徳義塾中の監督を務め、中学軟式野球の日本一を争う全国中学校軟式野球大会で4度の優勝を果たすなど、数々の実績を残した。軟式野球は、硬球よりもボールが飛ばないために、得点が入りづらい。1対0は当たり前で、0対0のまま無死満塁から始まるタイブレークに突入することも珍しくない。こうした緊張感あふれる戦いの中でも、守りからリズムを作り、負けない野球を見せていた。

守りを重視する戦い方は、高校の指導者になっても変わっていない。根底にあるのは「トーナメントは守れなければ勝てない。まずは守りから」という考えだ。

狭間監督は捕り方、投げ方、フットワークといった技術面を伝える前に、土台となる「基礎」を教えることを大事にしている。

「基礎があっての基本であり、基本があっての応用。家を建てるときに『基礎工事』という言葉があるように、まずは基礎からです」

野球における基礎とは何か。狭間監督は4つのキーワードを使って、選手に説明している。

①備え

何をやるにしても備えが大事。たとえばキャッチボールであれば、360度すべての方向に動ける構えで待つ。備えができていれば、横に逸れた送球に対しても、足を使って、胸の前で捕ることができる。突っ立っていたら、悪送球に対応ができない。

②間（マ）

相手のリリースから、自分のところにボールが届くまでの時間をしっかりと感じる。2秒でボールが来るのであれば、その2秒をフルに活用する。キャッチボールで間を感じられるようになった選手は、バッティングもよくなることが多い。

③タイミング

時間を感じながら、グラブを出すタイミングを決める。バッティングでいえば、バットを振り出すタイミング。時間を感じられない選手は、いつまでたってもタイミングを取ることができない。

④バランス

捕るにしても投げるにしても、上半身と下半身のバランスやかみ合わせが大事。上と下がかみ合えば、必然的に悪送球の可能性は減っていく。

「キャッチボールを例に出しながら、こうした話しをしていきます。昔から『キャッチボールが野球の基本』と言われるのは、ここにつながっているから。雑誌などで、いろんなキャッチボールメニューが紹介されることがありますが、基礎の考えがわかった上で取り組まなければ、ただのメニューで終わってしまうと思います」

そして、この4つのキーワードは人生にもつながっていく。

「野球は人生そのものです。何事においても準備をしなければ、いい結果は生まれません。時間を感じながら、勝負するタイミングをはかり、『ここや』というところで一気に攻めていく。バランスは、人と人の調和。どんな世界に進んでも、人との関係性をよくしていかなければ、世の中は渡っていけない。『野球で覚えたことは、人生にも必ず生きていく』と話しています」

（＊以下、本文中の説明はすべて右投げの動き）

1. キャッチボール

リリースを一定にするため遠投はやらない「倒れそうになるから足が出る」という感覚

キャッチボールは、どんなに軽めの練習だったとしても毎日やる。アンダースローで投げたり、ケンケンで投げたり、ヒザ立ちで投げたり、各校がいろんなメニューを取り入れているが、明石商のキャッチボールはいたってシンプルだ。1対1のキャッチボールをひたすら繰り返す。

ひとつの特徴としては、「距離は30メートルまで」と決まっていることだ。これ以上の距離は投げない。

「遠くに投げようとすると、リリースポイントが上向きになってしまうからです。常に低い球を投げる習慣をつけるためにも、遠投はやっていません。だから、試合で内野手が高めに悪送球することはほとんどありません」

なお、ピッチャーに関しては、30メートルでの距離で変化球を投げることに取り組む。長い距離を投げようとすることで、体全体を使う意識が高まるからだ。手先で曲げようとするピッチャーには効果的な練習となる。

キャッチボールの技術的なポイントとしては、まずは捕り手の「備え」。ボールが逸れてもいいように、どこにでも動ける姿勢を作る。そして、相手のリリースを見て、手首の角度やボールが離れる高さを感じながら、ある程度の軌道を予測する。

明徳義塾中時代には、こんな取り組みもしていた。捕球者が、相手のリリース時に「1」、ボールを受けるときに「2」と声を出していたのだ。1と2の間の時間をフルに使えれば、足を使って、ボールの落下地点まで動くことができる。「1」と口に出すことで、リリースを見る意識も高まっていく。

捕球から送球の流れは、上と下の噛み合わせを重視する。

基本となるのは左足前での捕球で、捕球に合わせて、左足を前に踏み出す。そのあとに右足で軸を作り、左足を踏み込んで投げるフットワークだ。つまりは、1（左）・2（右）・3（左）のリズムで投げることになる。

「左足前で捕ったあとに、体が倒れそうになるから右足が出る。この右足が出る動きに合わせて、両手を胸（体の中心）に寄せていき、この間にボールの縫い目に指をかけるようにする。これによって上と下が噛み合うようになります」

144ページの写真が狭間監督のお手本で、ポイントになるのは頭の位置だ。重たい頭が、左足よりも前に出ていることによって、つんのめるような動きになる。狭間監督曰く「頭で鐘を突くようなイメージ」とのことだ。だから、右足が投げたい方向に出ていく。自分で右足を動かすのではなく、体の動きに身を任せるのがコツとなる。自分の力でやるよりも、大きなエネルギーを生み出すことができる。

このとき、右足のつま先が相手に向いたままでは、体のねじりを使えないため、強いボールを放ることができない。右足を踏み込むときは、内側のくるぶしを相手にしっかりと向けていく。

「人為的に作るのは、右足の内側を向けることだけです。あとは、水が上から下に流れるように、自然の動きに身を任せる。そうすることで、投げたい方向に力を注ぐことができます」

右足前で捕るときも考え方は一緒だ。踏み込んだ右足のくるぶしを、投げたい方向に向けた状態で捕球する。ピッチャーが投げるときに、軸足をプレートと平行に置くのをイメージするとわかりやすいだろう。

ここでの注意点は、右足を半足でもいいのでしっかりと踏み出し、投げたい方向に力を注ぐこと。「早く投げたい」と思うばかりにその場に踏み出す選手もいるが、これでは力を生み出すことができないからだ。

2. ゴロ捕球
体の左側にボールを置き距離感をつかむ小指を前に出すことでグラブの面が向く

内野手のゴロ捕球に関しては、まずはボールの見方がポイントになる。

狭間監督が教えているのは「ボールを体の左側に置く」「ボールの底を見るぐらいの意識を持つ」という2点だ。ボールを体の中心からずらすことで、ボールと体との距離感を見極めやすくなる。そして、底を見ようとすることで、重心が低くなり、グラブを下から上へ使うことができる。

「ボールを左側に置いた状態から、どこで右足を合わせるか。うまい選手ほど、この右足とボールの距離感を作るのがうまい。打球のスピードによって、右足を置くタイミングが変わってきます」

はじめのうちはノックではなく、前方から転がされたボールに対して、右足を決める練習を繰り返していく。フットワークは、「歩幅を狭く」が基本だ。狭いからこそ、歩幅の調

キャッチボールの基本（左足踏み込み）

①捕球に合わせて左足を前に踏み出す。

②頭を左足より前に置いておくことで、体が倒れて自然と右足が出てくる。

③右足を出すのと同時に、両手を体の中心に寄せていき、ボールの縫い目に指をかける。このとき、右足のくるぶしを相手に向けるようにするのがポイント。

④左足を踏み出し、自然な流れで相手に送球する。

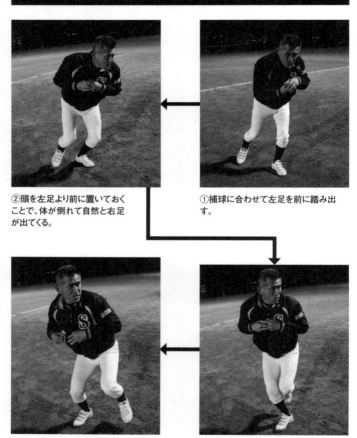

キャッチボールの基本（右足踏み込み）

①捕球時、右足（軸足）のくるぶしを相手に向けて踏み出す。

②右足より前に頭を置くことで、体重移動がスムーズになる。

③両手を胸（体の中心）に寄せていき、ボールの縫い目に指をかける。

節が効き、右足を合わせるタイミングをつかむことができる。

捕球姿勢は「四つん這いを意識する」と狭間監督。

初めて耳にする考え方だったが、内野手の捕球姿勢を見て、その言葉の意味がわかった。横から見ると、たしかに四つん這いの姿勢に見える。

頭が体よりも前にあるので、前に行こうとするとどうしても倒れそうになる。だから、右足が出る。この理屈はキャッチボールのときと一緒だ。

「捕球のときは、股を割って、股関節の中に胴体が入っているようなイメージです。それによって、目線も低くなる。よく、『手首を立てて捕りなさい』という教えがありますけど、あれは四つん這い姿勢ができているからこそ意味がある。四つん這いから左腕を伸ばして、手首を立てれば、自然にグラブが立ってきます」(写真P１４８)

このとき、打球に対して、グラブの面を向ける。狭間監督はこんな表現で、面の向け方を伝えていた。

「『小指を前に出しなさい』と教えています。人間は〝気をつけ〟の姿勢を取ると、手のひらが内側（体の方）に向きます。そこから前に出すと、手のひらが内側に向いているのが自然な形。ここから、手のひらを打球に向けようとするには、小指を前に出す意識が必要

になってくるわけです」（写真P149）

小指の意識が薄れてくると、グラブの面が向き切らずに打球を捕ることになり、ファンブルが起きる原因にもなってしまう。これが、胸の前で捕るときには、グラブが上向きに変わるために「親指を前に出す」ということになる。

逆シングル捕球のときも「親指を前に出す」。面を向けるには、腕を内側にねじらなければいけないからだ。サードの三塁線や、ショートの三遊間の打球は、「無理に正面に入るよりも、逆シングルのほうがアウトにできる」が狭間監督の考えで、日々のノックの中で当たり前のように練習している。ポイントは左足のつま先の前で捕ることと、捕球後に投げたい方向に足を運び、力を注ぐことだ。右足のくるぶしを向ける基本動作は、ここでも変わらない。（写真P150）

3. カットプレー

外野手の捕球体勢から距離感を決める
一か八かのときは頭の上に投げる

接戦をモノにするために欠かせないのがカットプレーだ。外野手の捕球→送球、内野手

ゴロ捕球の基本

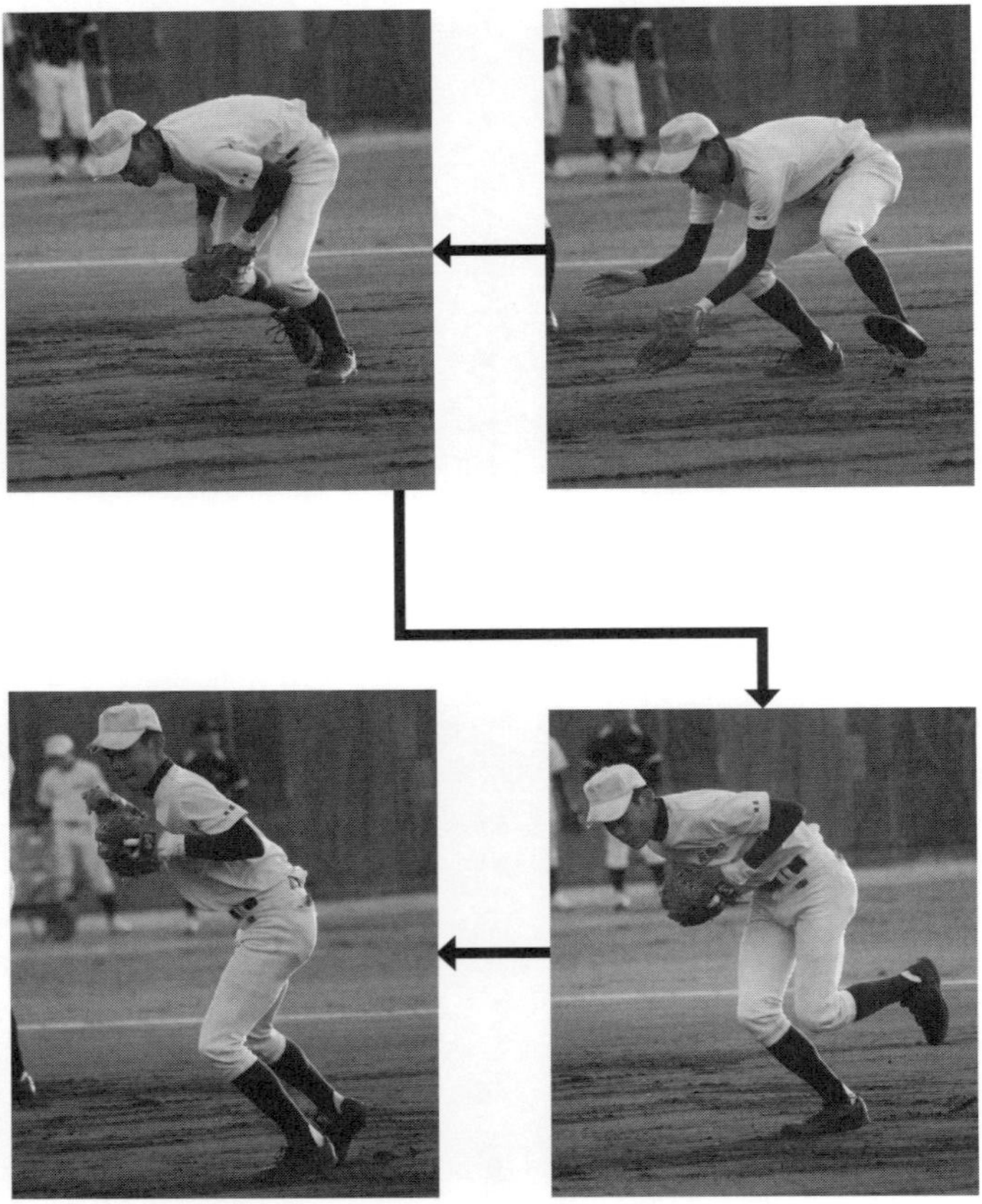

捕球時は股を割り、頭を体より前に出して低くすることで「四つん這い」のような姿勢になる。こうすることで、体が前に倒れて自然と右足が前に出て送球に移りやすくなる。グラブは「小指を前に出す」感覚で打球に対してしっかりと面を向けることを意識する。

小指を前に出す

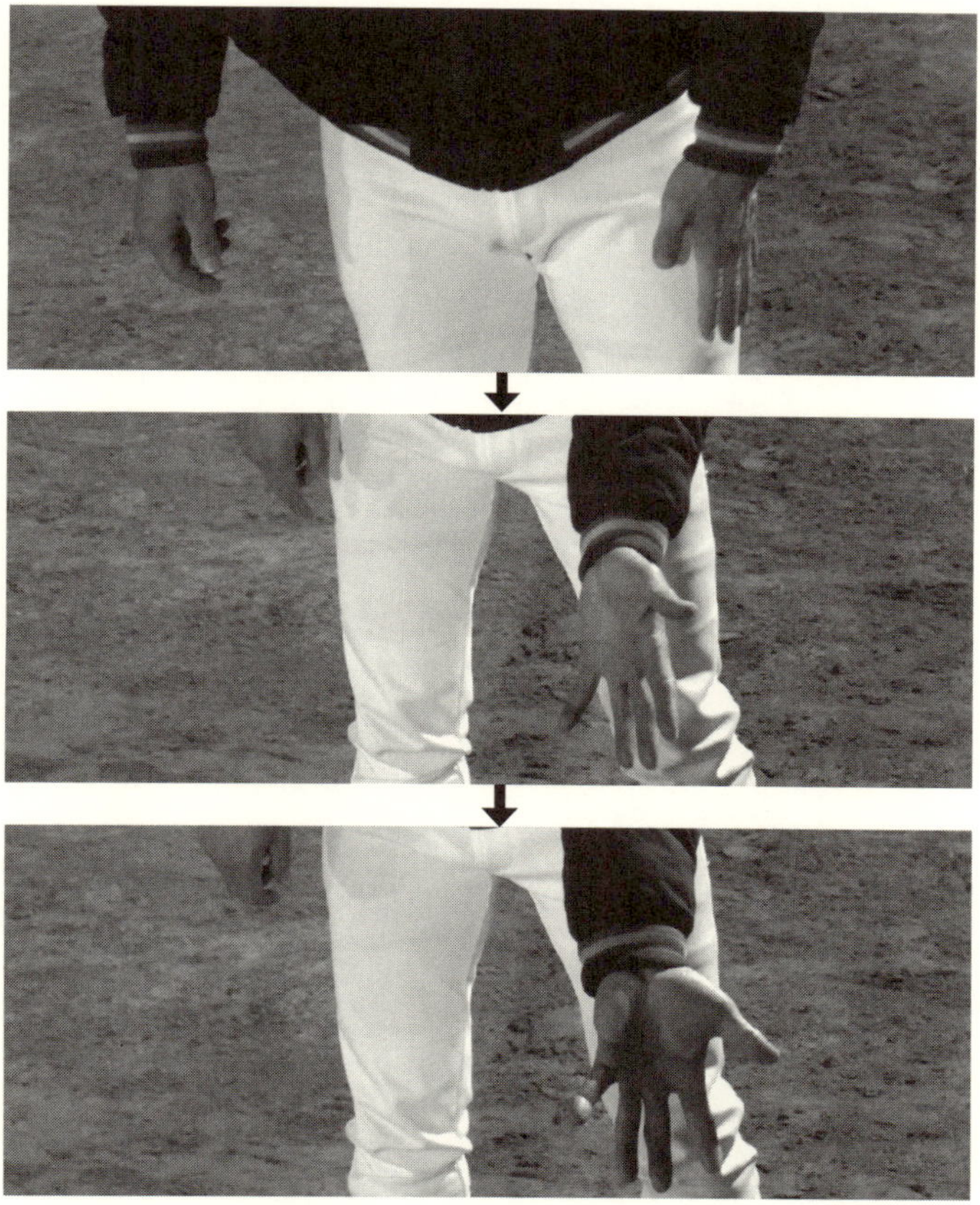

“気をつけ”の姿勢を取ると手のひらが体の内側を向く。そこから小指を前に出す意識を持てば自然と手のひら（グラブの面）が打球の方向を向く。

逆シングルの基本

正面で捕球するときとはグラブが逆になるので「親指を前に出す」イメージを持つ。こうすることでグラブの面が打球に対して正面を向く。

の捕球→送球、さらにキャッチャーの捕球と、5つの技術が完璧になされてこそ、アウトが成立する。

「内野手は『外野手に近づいてから離れる』が前提で、『離れてから近づく』では間に合いません。そのうえで重要なのは、内野手が外野手の肩を知っておくこと。どのぐらいの距離を放ることができるのか。体勢が悪ければ、内野手は距離を詰めて、外野手に近づいていく。日頃のシートノックから、それぞれの力にあったカットプレーの距離を見つけていきます」

外野手が前にチャージしながら捕球できるときと、助走を取れずに投げるときでは、強く投げられる距離が変わってくるということだ。こうした観点を持っておくと、ランナーに出た際の状況判断にも生かすことができる。

「助走をつけて捕れないときは、外野手は右足踏み込みで、捕ってすぐに投げることを教えています。左足前で捕るよりも、内野手に早く返すことができます」

内野手が使うようなクイックスローだ。外野手もただ捕って投げるのではなくて、捕球姿勢を考えながら、捕り方を変えていく技術が必要になる。

そして、外野手の送球も、求められた条件によって変わってくる。

「普通に投げてもアウトになるタイミングであれば、内野手の胸を目がけて投げればいい。でも、一か八かのタイミングであれば、内野手の頭の上を狙う。そうすれば、内野手はホーム方向に下がりながら、さらにジャンプして捕球することができます。下がった勢いと、ジャンプしたあとの落下の勢いを使うことによって、強い球を放ることができ、アウトにする可能性が生まれてきます」

内野手として注意しておきたいのは、「外野手が投げる前に、半身にならない」ということだ。目的の塁に早く投げたいがために、半身の姿勢で送球を待つ選手がいるが、これでは送球が逸れたときに対応ができない。また、外野手にとっても投げづらいだろう。ボールが離れるまでは、外野手に正対しておきたい。

これは、1－6－3や4－6－3のダブルプレーのときにもつながる話だ。ピッチャーやセカンドからの送球を待つショートは、必ず投げ手に対して、胸を向けて待つ。

「ショートが動くのは、野手がボールを離してからです。ボールが離れる前に動いてしまうと、少し逸れた送球に反応ができなくなります」

これが、基礎の最初に登場する「備え」だ。備えなくして、好守備は生まれない。

4. 実戦力

実戦で活用できる守備の技
カウントによって守備位置は変わる

実戦で使える守備の技についても触れておこう。

「ランナー二塁で、外野手がバックホーム体勢を敷いたとします。もう、この1点を失ったら、勝負が決まるというような場面。キャッチャーが低めに構えていて、ピッチャーの投球が低めにいくとわかった瞬間に、外野手は前にスタートを切るべきです。投球が低いということは、ゴロになる可能性があるので、この1～2歩の差がホームでのアウト、セーフを分けることになります」

バットとボールが当たるインパクトの前に、外野手はもう動き出しているということだ。低めの球にもかかわらず、外野の頭を越されてしまったら、それは仕方がないことと割り切るしかない。

また、明石商はストライクカウントによって、守備位置を変えている。たとえば、2ボール、3ボール1ストライクなど、バッターが強振できる状況になった際は、外野手は右中間、左中間を締めて下がる。いいバッターほど、ここに長打が飛んできやすいからだ。

2ストライクに追い込んだあと、右ピッチャーが右バッターの外に、ボールになるスライダーを投げるときには、サードは三遊間、ショートは二塁ベース寄りに守備位置を変える。ピッチャーのモーションに合わせて、1～2歩動くイメージだ。追い込んでからの外のスライダーを、三塁線に引っ張れるバッターはほとんどいないからだ。ここでコントロールミスがおきて、スライダーが真ん中に入ってくると、ガツンとやられるケースもある。ポジショニングは、ピッチャーと守備陣の信頼関係によって成り立っている。

最後に、高校野球でミスが起こりがちな挟殺の話。高校野球では一、三塁からのダブルスチールをよく見かけるが、ここでの対処法を教えてくれた。

「一塁ランナーがわざと挟まれるような場面では、ランナーがスタートを切ったあとに、バッターが打たないのを確認しながら、ファーストは一塁ランナーの後ろを追いかけていきます。追いかけることによって、セカンド（ショート）とファーストの距離が近くなり、挟殺プレーが起きたときの距離を狭めることができる。一塁ベースに着いたままでは挟殺の距離が長くなるので、その挟殺の間に三塁ランナーにホームを狙われてしまうわけです」

ベースにこだわらずに、野手との距離を詰めることに意識をおく。この考えは、別の場面にも応用される。

ランナー三塁で内野ゴロ。三塁ランナーが中途半端に飛びだして、挟殺プレーが生まれるような場面では、キャッチャーは三塁ベース側に動いて、内野手の送球を待つ。本塁で待つよりも、サードとの距離が近くなり、挟殺でアウトにしやすくなるためだ。

近年の高校野球は食事とトレーニングで体を作り、ファーストストライクから積極的に振りにいく戦い方がトレンドとなっているが、守備があっての攻撃であり、取れるアウトを確実に取らなければ、勝利は見えてこない。

現在、3年連続で兵庫大会準優勝に終わっている明石商。自慢の守備力で、今年こそ初の夏の甲子園出場をつかみとる。

第五章

日大藤沢

山本秀明 監督

「捕手」

投手を理解し、力を最大限に引き出す

毎年のように、大学野球やプロの世界から注目されるキャッチャーを育てている山本秀明監督。指導の根本にあるのが、ピッチャーへの「愛情」だ。「愛情」なくして、一流のキャッチャーにはなれない

山本秀明の「捕手メソッド」とは？

一

一番大事なのは、ブルペン

ブルペンはピッチャーのことを一番知ることができる場所。どこに構えればどこにボールが来るのか、調子がいいときはどんなフォームなのか。試合で配球を組み立てるヒントは、ブルペンに詰まっている。

二

「愛情」なくしていいキャッチャーにはなれない

ピッチャーに対して目配り、気配り、心配りをできるのがいいキャッチャー。愛情がなければピッチャーの細かな変化に気づくこともできないし、いいところを引き出すのも難しい。

三

ピッチャーの力を引き出せる＝いい配球

配球に「セオリー」はあるが、大切なのはピッチャーの力の方向性を知ること。一番投げやすいコースはどこか、どう構えれば狙ったコースに来るのか。まずは、ピッチャーの力を引き出すことが最重要。

四

「バットを振らせてアウトを取る」発想を持つ

バットを振られるとヒットの確率が上がるので、どうしても「振らせない」配球に偏りがちだが、それでは球数が増えてしまう。勇気をもって「振らせてアウトを取る」発想に転換したい。

五

ボール球を投げさせるのもキャッチャーの役目

ピッチャーとは本能的にストライクを投げたいと思うもの。ただし、ストライクばかり投げていると当然、抑えることは難しくなる。ときには「ボール球でいい」という意図を伝えることも大切。

「愛情」なくして一流キャッチャーにはなれない
全日本の正捕手・高見泰範から受けた影響

「あれから、私のキャッチャー人生は変わりましたね。あれがなかったら、今こうして指導者をやることもなかったと思います」

山本監督が感慨深げに振り返るのは、日大藤沢から三菱自動車川崎に入社し、5年目のシーズンを迎えたときの出来事である。23歳になる年だった。都市対抗の補強選手として、全日本でも活躍していたキャッチャー、東芝の高見泰範（元・東芝監督）が加わった。当時の新井孝行監督（前・都市大塩尻監督）からは、「高見が寝るときとトイレに行くとき以外は、ずっと一緒にいろ」と言われたこともあり、行動を共にしていた。

ある日、高見から配球に関する質問を受けた。

「ツーナッシングからツーワン（1ボール2ストライク）にしたいとき、何で外す?」

山本監督は自らの考えを口にした。

基本は外のストレートで外す。でも、キャッチャーが意図したとおりに、ボールが来るわけではない。甘く入ったストレートを打たれた場合、監督に怒られるのはピッチャーではなく、キャッチャーであることが多い。キャッチャーとはそういうポジションだ。それまでの山本監督は、「そこに投げられないピッチャーが悪い」と考えるタイプだった。その考えではダメだと気づかせてくれたのが、高見だった。

「お前さ、それでいいの？　その1球で負けることだってあるんだぞ」

「ダメです」

「じゃあ、どうする？」

高見の考えは「一番大事なのはブルペン」「ブルペンでピッチャーのことを知らなければ、試合では勝てない」。このやりとりをして以来、ブルペンで受ける時間を大切にするようになった。ただ、捕るだけではない。どこに構えれば、どこにボールが来るのか。そもそも、調子がいいときにはどんなフォームをしているのか。それに対して、今日のフォームはどうか。ブルペンには、試合で配球を組み立てるためのヒントがたくさん詰まっていた。

いつしか、「もし、高校生のときに今のような知識や考えを持っていたら、もっと違った野球人生を送れたんじゃないか」と思うようになっていた。

だから今、社会人時代に受けた教えを日大藤沢のキャッチャー陣に伝えている。

「やっぱり、ブルペンです。ブルペンで、ピッチャーのことをどれだけ知ることができるか。言い換えれば、どれだけ考えることができるかです。目配り、気配り、心配り。わかりやすくいえば愛情。高見さんに出会ってから、わかったことです」

これまで、黒羽根利規（日本ハム）ら日大藤沢出身のキャッチャーを取材してきたが、「キャッチャーで一番大事なことは?」と聞くと、示し合わせたかのように「愛情です」と答える。山本監督の教えが浸透している証だろう。

ただ、「愛情」と一口に言っても、さまざまな表現方法がある。

たとえば、日大藤沢の試合を見ているとよくわかるが、ファウルのあとに球審がピッチャーにボールを投げるケースが少ない。キャッチャーが球審からボールをもらい、両手で丁寧にこねてからピッチャーに投げる。横着に、ユニホームのズボンで汚れを落とすことはしない。ワンバウンドしてボールが汚れたときや、雨でぬれたときも同じだ。必ず、両手でこねている。

「ズボンで拭くと、拭いたところだけが滑るので、ピッチャーは投げづらくなるんです」

バッターが打ち終わるたびに、ホームベース周りやバッターボックスをならすことも大事な仕事だ。スパイクで掘られた穴に投球が当たれば、予期せぬ方向に跳ねることも考えられる。

いかに、ピッチャーが投げやすい環境を準備してあげるか。「愛情」なくして、いいキャッチャーになることはできない。

ピッチャーの力を引き出すための配球力の方向性「ライン」を頭に入れる

――いい配球とは何か？

山本監督の結論は「ピッチャーの力を引き出せたかどうか」。

対角線、L字、高低の攻め……、よくある配球論はほとんど伝えない。それよりももっと大事なことがあるからだ。

「キャッチャーが見るべきは、ピッチャーの力の方向です。ピッチャーのフォームを見たときに、どこに一番投げやすいフォームなのかを考える。力の方向がどこに向かっているか、ということです」

山本監督はこれを「ライン」とも表現する。ラインがわかっていれば、ストライクがほしいときにカウントを整えることができる。

たとえば、インステップする右ピッチャーであれば、右バッターのインコースに投げやすい。では、右バッターのアウトコースに投げさせたいときはどこに構えたらいいか。ストライクゾーンのギリギリであれば、シュート回転で中に入ってくる可能性がある。ならば、ボールふたつ分、外に構えておく。力の方向を考えながら、どこに構えたらどこに来るかを常に考える必要があるということだ。

この大前提があったうえでの配球となる。

そのうえで考えるべきは、「バットを振らせてアウトを取る」という発想だ。

「高校生で多いのは、すべてのバッターに対して三振を狙いにいっていることです。ストライクの取り方を見ても、空振りよりは見逃しストライクがほしい。バットを振られるとヒットの確率があがるので、できるだけバットを振らせないような配球をしています。これでは球数ばかりが増えてしまい、ピッチャーがもたなくなります」

そこで、練習試合で与える課題が「ひとりのバッターを3球で終わらせるように」。理想論であることはわかっているが、3球で打ち取るにはどうしたらいいかを考えさせる。

「よくあるのが、2ボールからストライクを取るために変化球を使う配球です。そこでストライクを取ってもまだ2ボール1ストライク。また、変化球を使って2ボール2ストライク。じゃあ、次に何を投げるのって。3球続けて、変化球を投げさせるのはなかなか難しいので、ストレートを突っ込んで打たれたりするわけです」

このときに「3球で終わる」という発想があれば、違った配球が生まれてくる。

「2ボールから、たいていのバッターはストレートを狙っています。だから、ストレートを投げれば振ってくる。得意なコースの周辺に投げることができれば、バットを振らせてアウトを取ることができます。インコースのベルトが得意なら、インハイに要求する。もちろん、そこに投げられるかどうかという問題はありますが、キャッチャーには『振らせてアウトを取る』という発想を持ってほしいのです」

加えて、ピッチャーの心理状態を頭に入れておく必要がある。

「ピッチャーという生き物は、本能的にストライクを投げたいもの。できるなら、ボール球を使いたくない。ピッチャーに配球を任せると、どんどんストライクを投げてきます。そこで、ボール球を投げさせるのがキャッチャーの役目になります」

ここで大事になるのが、キャッチャーの構えだ。「ボール球でいいよ」という意図が伝わる構えをしているか。「あわよくばストライクが取れれば」なんて思っていたら、ピッチャーが投じる球も甘く入ってきやすい。

だからこそ、ブルペンが大事になる。ピッチャーの特徴を考えて、そのピッチャーに合った構えをしているか。自分本位の配球では、ピッチャーの良さを引き出すことはできない。

〈テクニカル〉

1．構え方

→股関節の中に体を入れる

ここからは技術論に入る。まず、山本監督が重視するのが構え方だ。

「高校生の多くは、構えが高い。低めにベストボールを投げさせたいのに、そこに構えていないキャッチャーがほとんどです」

写真（P168）の右が理想の構え、左がNGとなる。NGのほうでも十分低いと思うが、山本監督の要求はもっと厳しい。

「右足の股関節を開いて、その中に体を入れるイメージです。『キャッチャーは足首が柔らかいほうがいい』とも聞きますが、私は関係ないと思っています。『ピッチャーのために』と意識をすれば、誰でもできます」

決して楽な構えではないので、だんだん体が浮いてきてしまう。それを1回から9回までやり続けることに意味がある。

また、大基本であるが、ミットの面を見せていないキャッチャーも多いという。

「ミットの面をしっかりとピッチャーに向ける。それができていないと、『ここに投げてこい！』という意志が伝わりません。ピッチャーは狙う場所を意識しづらくなります」

2. ミットへの手の入れ方

→手を浅く入れる（写真P169）

ピッチャーに面を向けるには、じつはミットへの手の入れ方が大事になってくる。

「手を深く入れすぎているキャッチャーが多い。こうすると手首がロックされて、面を向けづらい。ミットが手から抜けるぐらいの浅さでいい。うちのキャッチャーには、浅く入れさせたうえで、親指をミットのヘリのほうに（土手に近いほうに入れる）持ってこさせています」

この手の入れ方が、次のキャッチングにもつながってくる。

3. キャッチング

→親指と人差し指でつまむ（写真P169）

キャッチングの考え方は「握る」ではなく「つまむ」。具体的に言えば、「親指と人差し指でつまむ」と指導している。

キャッチャーの構え方

NG

OK

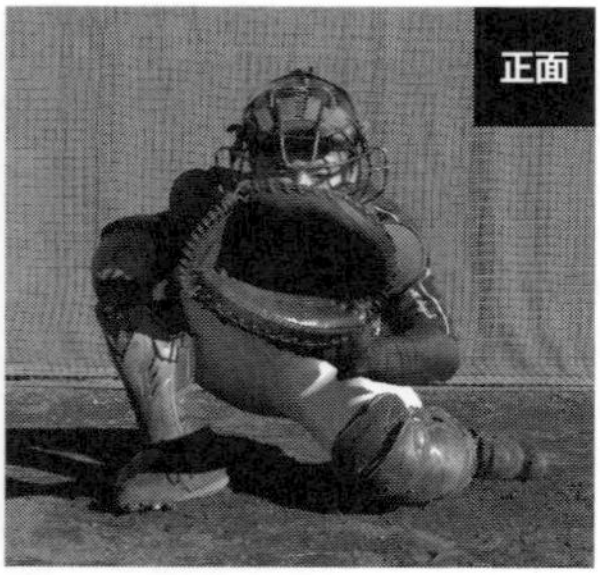

- 構え自体をできるだけ低く。右足の股関節を開いて、その中に体を収めるイメージ
- ミットの面はしっかりとピッチャーに向け、「狙う場所」を意識させる
- 試合が進むと体が浮いてくるため、疲労がたまっても低い姿勢を保つ意識を持つ

キャッチングのポイント

キャッチングの意識はボールを「握る」のではなく、親指と人差し指で「つまむ」感覚。この感覚で捕球すれば、ミットの位置が動きにくくなる。

ミットは浅くはめる

ミットに手を深く入れすぎると、手首がロックされて面をピッチャーに向けづらい。手がミットから抜けるぐらいの浅さではめれば、手首を自由に動かせる。

「際どいコースを捕ったときにミットを動かしたように見えただけで、『ボール』と判定する球審がいます。それを防ぐために、つまむ。親指と人差し指でつまんで捕ると、ミットの位置は動きません。これを5本指で握って捕ろうとすると、ミットのヘリが動いて、ミットを動かしているように見えるのです」

「親指と人差し指だけで捕れるの?」と思うが、先に紹介した「ミットに浅く手を入れる」を実践しておくと、親指を動かしているだけなのに、小指までしっかりと力が伝わっているように感じるのだ。だからこそ、手の入れ方が大事になってくる。

この捕球ができているかどうかは、ピッチャー側から見るとよくわかる。グッと握る捕球の場合、ボールがミットの中に隠れてしまうが、つまむ捕球であればボールが見えたままの状態となる。「ピッチャーにボールを見せたまま、捕球しろ!」と、声をかけていた山本監督。これを意識するだけで、キャッチングが変わってくる。

→ミットを投球のラインに入れる

撮影のモデルを務めてくれたのは、レギュラー獲りを目指す新2年生の鈴木健太朗選手。ボールを投げ入れる山本監督から、細かいアドバイスが飛んでいた。

「上を動かさないで、下半身で捕る！　まだまだ、手だけで捕ろうとしているぞ」

「ボールのラインに早くミットを入れろ。ミットの面を真っ直ぐ向けろ。入れるのが遅いから、差されている。おれのほうが、ミットが向いている時間が長いのがわかるか？」

この言葉の真意はどこにあるのか。

「キャッチングをうまく見せようと思ったら、上半身は動かさないことです（もちろん手は動く）。目だけでボールを追って、あとは下半身で捕る意識を持つ。これができるだけで、うまく見えます」

投球のラインに入れることに関しては、タイミングの取り方も影響している。ほぼすべてのキャッチャーが、ピッチャーのモーションに合わせて、ミットを一度下げてから捕りにいく。その場でジッと構えていたら、どうしても動きが硬くなってしまうためだ。静から動より、動から動のほうがタイミングをつかみやすい。

「ミットを下げることに関しては、まったく問題ありません。ただし、そこから上げてくるタミングが遅いと、ラインに入れるのが遅くなります。遅いことに気づけないと、いつまで経っても差されたままになります」

130キロは捕れても、140キロに対してはミットが遅れる可能性があるということだ。ラインに早く入れることを意識しておきたい。

4. スローイング
→左肩を入れない

例年、日大藤沢のキャッチャーは捕ってからの速さに定評がある。「強肩」ではなくても握り替えの速さとフットワークによって、レギュラー捕手は2．0秒を切る二塁送球タイムを記録する。

指導の特徴は、送球時に左肩を入れさせないことだ。「左肩を入れて、半身の姿勢を作りなさい」と教える指導者が多いが、山本監督は一切言わない。

「左肩を入れようとしたら、確実に遅くなります。正面を向いたまま投げても、二塁までなら十分届きます」

とはいっても、まったく入れないわけではない。強い球を投げたいと思えば、人間の本能として前の肩が自然に中に入ってくるのだが、山本監督は、「そのぐらいがちょうどいい」と考えている。つまりは、「左肩を入れなさい」と言うと、必要以上に肩を入れて、体を過度にねじるキャッチャーが出てきてしまうのだ。これが、コントロールの乱れにつながっていく。

↓当てて、飛ばす（写真P179）

スローイングにつなげるときは、先に紹介した親指と人差し指でつまむ捕球は使わない。握り替えを重視して、ミットの芯に当てて、ボールを飛ばしていく。

「握り替えのときはボールは捕らず、ミットに当てて、ボールを飛ばす。できるだけ、体の近くでミットを使う。ヒジを伸ばして、自分で捕りにいくと間違いなく遅くなります」

これは、利き手の動きにも言えることだ。

「利き手でボールをつかみにいくと、握り替えのスピードが遅くなります。右手はなるべく体の右側に置いたままにしておいて、そこにボールを飛ばしていく感覚です」

そのためには、ミットで角度を作らなくてはいけない。利き手がある方向に飛ばすには、ミットをどのように使えばいいか。あとで紹介する練習の中で、コツを覚えていく。

利き腕のヒジを回す

握り替えをしたあと、ボールを持った利き手を右耳に真っ直ぐ持ってくる教えがあるが、「あれじゃあ、投げられないでしょう」と山本監督は首をひねる。

「ヒジは下から上に回す。このほうが自然だし、回したほうが速くて強い球が投げられます。回している間に、ボールの縫い目を探すこともできる。おそらく、『小さく投げる』という目的で、すぐに耳に持ってくる動きが生まれたと思いますが、耳に持ってこようとすると、そこで動きが止まってしまいます」

これは野手も一緒で、捕ったらヒジを回す。そもそも論としては、意識をしなくても、無意識の動きの中でヒジは回っていく。

ステップは3種類（写真P181、182）

スローイング時のステップは前・その場・後ろの3種類を練習している。投球に合わせて左足に体重を乗せて、そのあとに右足のワンステップで投げる。右足はくるぶしの内側を、投げたい方向にしっかりと向けるのが重要ポイントとなる。

「投げるときに左肩は中に入れたくないですが、股関節はしっかりと入れて、下を使って投げたい。それを作るためにも、右足のくるぶしを向けるようにしています。ステップの方向は、一番の理想はバックステップ（後ろ）です。後ろに踏んだほうが、速く投げられる。内野手の動きをイメージしてほしいですが、本当に速く投げたいときは投げたい方向とは逆にステップしているはずです。前にステップしようとすればするほど遅くなります。ただし、考え方としては前にステップできるようになってから、その場・バックステップと足の位置を下げていく。3つができるようになれば、状況に応じて使い分けができるようになります」

このとき、「軸足（右足）に体重を乗せなさい」（右足の上に頭がある状態）というよく聞く言葉は使わない。山本監督の考えはまったく逆だ。

「体重を乗せるから、速く投げられない。そうではなくて、頭の位置は体の中心に置いておいて、そこから足だけを後ろにステップする。そうすればもう投げる体勢ができあがります」

言葉だけではわかりづらいと思うので、掲載した写真を見ながら、動きを確認してほしい。

■握り替え→スローイング練習法

以上のポイントを理解したうえで、キャッチャー陣が取り組んでいるのが次のような練習方法だ。段階的ステップで、技術の習得を目指している。

1. 真横からのトス（立ち）（写真P179）→当てて・飛ばす

真横からのトスを素手（またはミット）で受けたあと、素早い握り替えで正面に置いたネットに投げ込む。

「ここでは正確さは求めていないので、どれだけ速くできるか。握り替えは、手のひらに当てて飛ばす。飛ばすときには、もう投げにいっているイメージです。極端に言えば、二塁方向に倒れながら投げるぐらいの感覚で構いません」

撮影中、握り損なうシーンが何度かあったがそれでいい。それぐらいのスピードでやっていかなければ、速さは身についていかない。

そして、もうひとつ大事なのが右足のステップだ。この練習では、体の外側（トスを投げる投げ手の方向）にステップを踏む。

「握り替える前に、先にステップを終わらせておくぐらいの意識を持っておくこと。ステップのタイミングが遅ければ、当然、スローイングも遅くなります」

実際にはありえないが、感覚としては捕ることと投げることを同時にやってしまう。捕ってからステップしているようでは、送球のスピードは当然遅くなる。

2. 正面からのトス（立ち）（写真P180）

正面からのトスで、1と同じ動きを行う。

前・その場・後ろの3種類のステップを練習し、右足のくるぶしを投げたい方向に向けることを意識する。横からのトスではくるぶしが自然に向くが、前からのトスの場合は自分で足の角度を作らなければいけない。

写真は前へのステップ。「基本は歩きの動作と一緒です」と山本監督。たしかに歩きながら投げている。

3. 正面からのトス（座り／コマ送り）（写真P180）

最後は試合と同じように座り、正面からのトスを二塁方向に投げる。これをコマ送りで

チーム作り
打撃
投手
守備
捕手
走塁
体作り

再現したあと、通常の二塁送球に移る。

「コマ送りでできるかどうかで、動きを理解できているかがわかります」

急いでやったほうが、動きはごまかせるものだ。ゆっくりと丁寧に行うことで、正しい動きを確認することができる。

また、写真を見てわかるように二塁に投げたいと思えば、構えたときに自然に右足が後ろに引かれる。このほうが左足に重心を乗せやすく、結果として右足を動かしやすくなるからだ。右足を動かすためのスペースも作りやすい。ただし、注意しなければいけないのは、右足を下げることによって上体を斜めに向けて構えてしまうことだ。

「右足を引いたとしても、上体はピッチャーにまっすぐ向けておく。斜めに構えてしまうと、ピッチャーは投げづらくなります」

キャッチャー自身が「速いスローイングをしたい」と思うことで、構えが乱れることがある。そう考えると、やはり忘れてはいけないのはピッチャーへの「愛情」ということ。愛情を注ぎ、技術を磨き続けた先に、一流キャッチャーの道が見えてくる。

スローイングへのつなぎ～握り替えの基本～

捕球後、素早く送球に移るためにはボールを「捕る」のではなくミットに当てて「飛ばす」感覚を持つ。利き手はなるべく体の右側に置いたまま、ミットを使ってそこにボールを飛ばしていく。

握り替え ➡ スローイングの練習法①　動

真横からのトス（立ち）

真横からのトスを素手で受け、ボールを利き手に素早く「飛ばす」イメージで握り替え、正面のネットに投げ込む。正確性よりもいかに「素早く」一連の動きができるかを意識して行う。握りそこなったり送球がそれることは、気にしなくてもOK。

握り替え ➡ スローイングの練習法②

正面からのトス（立ち）

「真横からのトス」を正面からのトスで行う。意識するのはステップ。投げたい方向に右足のくるぶしがしっかりと向いているよう意識しよう。

握り替え ➡ スローイングの練習法③

正面からのトス（立ち／コマ送り）

正面からのトスを試合と同じように座って捕球し、二塁へ送球する。このとき、捕球からスローイングまでの一連の動きを、あえてゆっくりと「コマ送り」で行う。丁寧に行うことで、正しい動きを自分でも確認することができる。

右足のステップは“後ろ”が理想

捕球してから送球に移る間に、左足に体重を乗せ、右足をステップさせる。その際、右足のステップは前、その場、後ろの3種類。理想は後ろへのステップ。その方が強く、素早い送球ができる。

ステップの動き解説（イメージ）

※捕手を真上から見た場合

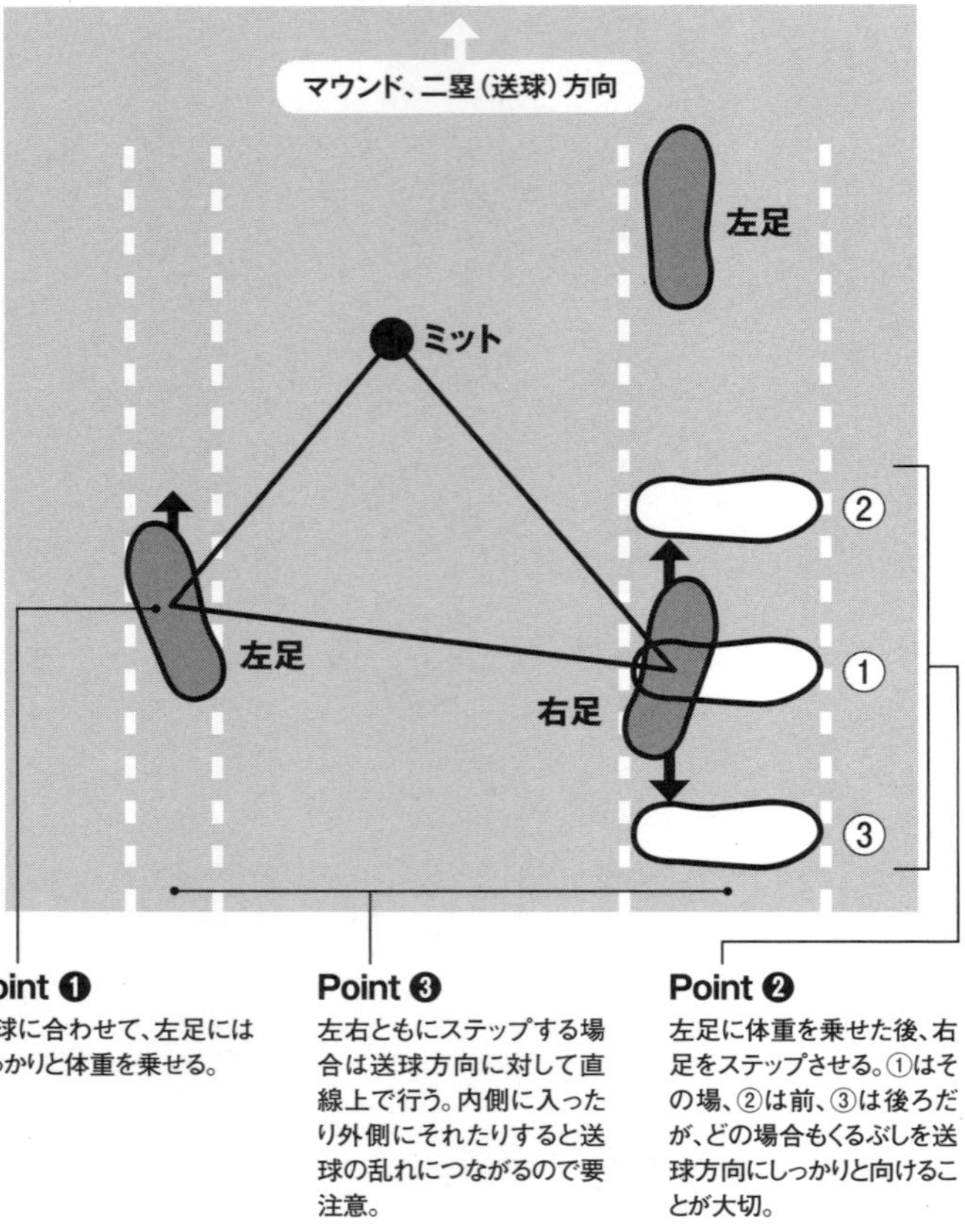

Point ❶

投球に合わせて、左足にはしっかりと体重を乗せる。

Point ❸

左右ともにステップする場合は送球方向に対して直線上で行う。内側に入ったり外側にそれたりすると送球の乱れにつながるので要注意。

Point ❷

左足に体重を乗せた後、右足をステップさせる。①はその場、②は前、③は後ろだが、どの場合もくるぶしを送球方向にしっかりと向けることが大切。

第六章

健大高崎

青柳博文 監督

「走塁」

データと組織力に裏打ちされた「機動破壊」の真髄

『機動破壊』というセンセーショナルなスローガンのもと、2010年代の高校野球をリードする健大高崎。走塁をベースとする『機動破壊』はいかにして作られるのか。キーマンの声を聞いた。

青柳博文の「走塁メソッド」とは？

一

スタッフに明確な役割を持たせ、組織を充実

外部コーチも含め、10人近い「ブレーン」がそれぞれの役割を遂行し、選手たちを指導する。最終的な理想は「自分が監督をやらなくても勝てるチームを作る」こと。

二

3球以内にスタートを切る

練習試合から「3球以内にスタートを切る」というルールを作り、それを実行させる。その上で、失敗しても決して怒らず、選手が走りやすい環境を作ることも重要。

三

練習試合のデータをもとに、選手に「グリーンライト」を与える

練習試合で盗塁成功率7割以上を記録した選手には、公式戦では「いつでも走っていい」グリーンライトを与える。

四

守備を鍛えて接戦を演出することで機動力が生きてくる

走力が生きるのはあくまでも「接戦時」。そのためには堅い守備が必要になる。点を奪われないことで、その走力がより効果を増す。

五

「機動破壊」を生み出す4D条件

①**Defense（防御）**緊迫感なくして心理戦は戦えない②**Detection（探知）**相手を探り、弱点のターゲットを絞り込む③**Disruption（攪乱）**データの裏付けからの戦術・戦法を駆使する④**Destruction（破壊）**波状攻撃で神経を衰弱させ、一気にたたみかける

『機動破壊』が生まれた理由　信頼寄せるブレーンの存在

今や、健大高崎を象徴する言葉となった『機動破壊』

チームで掲げたスローガンが、これほどまでに全国に広まったことはあっただろうか。

もともとは群馬女子短期大学付属高等学校という女子校で、２００１年の共学化にともない、高崎健康福祉大学高崎高等学校に学校名が変わった。翌２００２年に野球部が誕生し、初代監督に就いたのが、現在も指揮を執る青柳博文監督だ。群馬県の出身で前橋商から東北福祉大に進み、7年間のサラリーマン生活を経てから、高校野球の指導者となった。

はじめは1回戦、2回戦を何とか勝つような学校だったが、青柳監督の指導のもと少しずつ力をつけ、２００7年には専用グラウンドと室内練習場が完成。その年の夏に初めてベスト8に勝ち進むと、翌２００8年秋にはベスト4に勝ち進んだ。当時の野球は無死一塁から確実にバントで送り、タイムリーを待つような野球だった。いわば、セオリーどおりの野球で、青柳監督によると「それが群馬の野球」ということになる。

野球を変えるきっかけとなったが、２０1０年夏の準決勝での敗戦だった。準々決勝までの4試合で32得点を挙げ、打線には自信を持っていたが、前橋工に延長10回0対1で敗れた。チャンスを作るも、あと1本が出なかった。

結果的に見れば、打てないから負けた。ここで多くの指導者は、「もっと、バッティングに力を入れなければ」と思うものだが、青柳監督の考えは違った。目指したのは足をからめ、ノーヒットでも得点を取れる野球だ。

健大高崎の監督室には、『指導者の心得』と書かれた紙が貼ってあるが、そこにはこんな一文がある。

「打たなくても、勝てることを教える（ボールの見極め・バント・走塁）」

翌年、健大高崎は夏の群馬大会でチーム28盗塁の大会記録（当時）を打ち立て、初めて夏の甲子園に出場すると、その後は２０１２年春ベスト4、２０１４年夏ベスト8、２０１５年春ベスト8、２０１７年春ベスト8と、甲子園で結果を残すチームに成長していった。

甲子園の通算成績は13勝6敗。初出場時から、初戦突破率は１００パーセントである。２０１４年夏には平山敦規（東海大）が4試合で8盗塁を決めて、93年ぶりとなる大会タイ記録をマーク。出場するたびに、走塁で甲子園を沸かせている。

昨年のセンバツ2回戦では、1点ビハインドの9回裏二死一、三塁からトリックプレーを成功させて、土壇場で同点に追い付いた。二塁ランナーがわざと大きなリードを取り、ピッチャーからのけん制を誘う間に、三塁ランナーがホームを陥れるプレーだった。二塁ランナーは意識的に視線を落とし、ピッチャーに対して〝隙〟を見せる細かな演出をしていた。

健大高崎がここまで強くなった理由に、組織の充実が挙げられる。外部からのコーチも含めると、10人近いスタッフがいるが、スタッフ全員を「ブレーン」(ｂｒａｉｎ）と位置付けて、ひとりひとりに明確な役割を持たせている。「ブレーン」とは主に政治の世界で使われる言葉であり、政府や政治家などの相談相手となって、各専門分野についてアドバイスを送る学識経験者のことを指す。

『機動破壊』を作り出す走塁部門において、重要なブレーンとなっているのが野球部コーチ・アナリストの葛原美峰氏（長男の葛原毅コーチが走塁の技術指導を担当）と、トレーニングを担当する塚原謙太郎トレーナーである。

じつは２０１０年準決勝で敗れた際、青柳監督に「この野球では勝てません」とはっきり指摘したのが葛原美峰コーチだった。指揮官がこうしたブレーンの言葉を信じ、受け入れているからこそ、甲子園常連の強豪に成長することができた。監督が「ひとりで何でもやりたい」と思っていたら、今の健大高崎は絶対に生まれていない。

かつて、青柳監督はこんな言葉を話していた。

「誰が（監督を）やっても同じ結果が出せる組織を作りたい」

「おれが監督をやらなくても勝てるチームを作りたい」

これまでさまざまな指導者を取材してきたが、こんなことを言う人は青柳監督しかいない。組織作りにいかに大事にしているかがわかる。この章では青柳監督、葛原美峰コーチ、塚原トレーナーの3人の話から、『機動破壊』の作り方に迫ってみたい。

〈青柳博文監督〉盗塁成功率7割以上はグリーンライト　守備なくして『機動破壊』はない

まずは、青柳監督の話から。ブレーンに任せる分野が多いとはいえ、チームのトップにいるのは監督であり、試合で采配をふるうのも監督だ。『機動破壊』を実践するために、指揮官としてどんなことを心がけているのだろうか。

「盗塁という意味では、練習試合のときから、『3球以内にスタートを切る』というルールを作って、どんどん走らせていきます。それで失敗したとしても怒らない。監督が怒って

チーム作り　打撃　投手　守備　捕手　走塁　体作り

しまったら、ランナーは走らなくなる。盗塁でアウトになって怒られるなら、一塁でジッとしておいたほうがいいと思いますよね」

「走るチームにする」と監督が決めたのであれば、盗塁失敗にはある程度、目をつぶる。スタートを切る訓練をしていかなければ、盗塁の成功率は上がっていかない。

「うちで目安にしているのは、盗塁成功率7割です。けん制アウトも盗塁死に換算しているので、目安としては結構厳しいものがあります。7割を超えていたら、公式戦ではグリーンライト。選手の判断で『いつでも走っていいよ』ということです」

これらのデータは、あとで登場する葛原美峰コーチがすべて記録している。2016年を例にとると、湯浅大（成功率＝8割4分5厘）、山下航汰（成功率＝8割2分4厘）、小野寺大輝（成功率＝8割）が8割超えで、上位6人が成功率7割を超えていた。これはかなり高い成功率だ。

「練習試合でデータを取っていき、公式戦になったときにはグループ分けをしていきます。いつでも走っていいグリーンライト班、大きいリードでピッチャーを揺さぶる班、偽走スタートだけを大げさにやる班というように、だいたい3グループ。うちはスタメン全員が、足が速いように思われがちですけど、そんなことはありません。でも足が遅い選手でも、リードを大きくして一塁に帰塁することはできます」

このときに指揮官として意識しているのは、けん制で帰塁したあとに、すぐにフラッシュでランナーとバッターにサインを送ることだ。ブロックサインを出すほどの時間はないため、体の部位をさわって、パパッとサインを送る。けん制が3球、4球と続ければ、スタートを切るチャンスが生まれやすい。けん制を投げれば投げるほど、次にホームに投げる確率が上がっていくからだ。

「県大会よりも甲子園のほうが走りやすいと思います。なぜなら、甲子園の雰囲気として、けん制を連続で何球も放るのはなかなか難しいからです。うちが守りであっても、3球連続が限度。さすがに4球続けるのは勇気がいりますね」

甲子園を見るときは、連続けん制が何球まであるかを確認してみると面白いだろう。球審によっては2球連続でけん制をするだけで、「早くホームに投げなさい」とジェスチャーでプレッシャーをかけてくる人もいる。こうなると、ランナーは次の球でスタートを切りやすい。このプレッシャーの中、さらにもう1球けん制を入れてくるピッチャーがいたら、かなり肝っ玉がすわっている。

だが、こうした走塁の駆け引きも、大差で負けているような試合では意味をなさなくな

チーム作り
打撃
投手
守備
捕手
走塁
体作り

る。守備側が「好きに走ればいいよ」となれば、バッターを抑えることだけに集中できてしまうからだ。ランナーにとっては、無視されるのが一番むなしい。

「機動破壊という言葉のイメージから、走塁練習ばかりやっていると思われがちですけど、大事にしているのは守備です。守備ができなければ勝てないし、はっきり言って、守れないチームに機動力は必要ありません。なぜなら、接戦に持ち込めなければ、機動力を生かすことはできないからです。象徴的なのが、昨年センバツの秀岳館戦。序盤から点差が開いたので（4回で0対7）、うちが盗塁を仕掛けたところで、秀岳館はまったくプレッシャーを感じていない。ああなると、機動力は意味をなさなくなります」

守備で最重要ポイントにおくのが、当たり前のことではあるがピッチャーだ。健大高崎は継投で戦うことが多く、これまで春夏甲子園19試合中14試合で複数のピッチャーを起用。夏の甲子園にかぎってみれば、9試合すべて継投策だ。2014年夏の県大会決勝では川井智也（6回）、高橋和樹（2回）、松野光次郎（1回）の3投手による、1対0のノーヒットノーランリレーという偉業もあった。

「葛原先生がピッチャーのデータを取ってきてくれていますが、対戦するピッチャーの数が増えれば増えるほど、分析が大変になってきます。二番手、三番手のピッチャーまではなかなか手が回らない。戦うほうも、せっかくタイミングが合ってきたなと思ったところで、スパッと交代させられるとイヤなものです」

毎年、左オーバー、右オーバー、右サイドといったように多彩なピッチャーを揃えているが、中学生を見るスカウティングの段階から、同じタイプばかりにならないように意識している。特にサイドスローに関しては、中学生のときからサイドで投げているピッチャーに声をかける。一般的には、高校でオーバーで通用しないから、腕の角度を下げることが多いが、健大高崎の場合は違う。「オーバースローで自信を持って入ってきた子を、高校からサイドにするのは難しい。彼らにもプライドがあるので」という考えを持っているからだ。

また、先発・中継ぎの適性を見極めるには、「新球が合うかどうか」も重要ポイントになるという。「新球は滑って投げにくい」というピッチャーであれば、先発ではなく中継ぎや後ろに持っていったほうがいい。このあたりの適正は、日頃の練習試合で判断していく。

このように、「守備を重視したうえでの機動破壊」という前提があった中で、チーム作りを進めている。

ただ勘違いしてはいけないのは、守備を鍛えるからといってノックをガンガン受けるわけでも、ノーエラーのボール回しに取り組むわけでもない。守備も走塁も実戦の中で鍛えていき、走塁のレベルが上がれば守備のレベルが上がり、その逆もしかりということだ。守備と走塁は表と裏の関係にある。

たとえば、1年生の場合はまずは走塁から入る。群馬の場合は5月に1年生大会があるので、そこで足を使えるように、『機動破壊』の基本を教えこんでいく。それと同時に、走塁から取り組むのにはこんな理由がある。

「ほとんどの高校が、入学してすぐにキャッチボールやボール回しに時間をかけると思いますが、それでヒジや肩を痛める選手が多い。だから、うちはボールを投げることはほとんどやりません。ケガをさせないためにも、走塁から入る。走り込みをするわけではないので、走る量もさほど多くはありません」

これは、納得の考えだ。たしかに、入学したばかりの春にヒジや肩を痛める1年生は意外と多い。

〈葛原美峰コーチ〉言葉の持つ「衝撃」と「神秘性」『機動破壊』のための4D条件

「機動破壊」という言葉を生み出したのは、葛原美峰コーチである。造語であり、辞書には載っていない。葛原コーチは愛知・杜若高校で監督を務めた経験を持ち、私学4強（中京大中京、東邦、愛工大名電、享栄）を倒すために、相手のスキを突く野球を仕込んでいた。

以前、葛原コーチからもらった資料に「なぜ、機動破壊という造語を旗印としたのか?」という理由が掲載されていた。非常にわかりやすく説明されているので、これを紹介したい。

ひとつは、言葉の持つ「力」からである。人を惹きつける言葉には、『衝撃』と『神秘性』が混在しているほうが、効果がある。最初に目にしたときの『インパクト』に続き、耳に残るミステリアスな響きに、人はさまざまな「イマジネーション」を駆り立てられて、自らを高揚させる。「視覚」と「聴覚」に依存する言葉には『魔力』がある。

そして、『魔力』を「旗印」に掲げることにより、相手は勝手な先入観を抱くことになる。そうなれば、必然的に見えない敵とも戦わねばならない。心理戦を展開するうえにおいては、絶好のアイテムとなると考えたからである。

もともと、チームの力を示す表現としては、「機動力」「破壊力」、ほかにも「投手力」「守備力」「攻撃力」といった野球用語は存在していた。しかし、「機動力」から描くイメージは、「盗塁」と「ヒットエンドラン」以外に思い浮かばない。「破壊力」に関してはバッティングの力量がすべてであろう。

健大高崎の目指した野球はそうではなかった。もちろん、盗塁の占める領域は存在するのだが、それは100パーセントの中の30パーセント程度の比重である。健大高崎が思い描いたものは、記録に残らない走塁を駆使した心理戦であり、常に「プレッシャー」という「波状攻撃」を仕掛けることで、徐々に相手を追い詰めて崩していき、最終的に「破壊」することであった。なので、盗塁をしないという「機動破壊」も存在する。盗塁を過剰に意識させることで、四死球を奪い、コントロールを甘くさせて、打者に打ちやすい状況を提供する。そして投手や野手、さらにはベンチにまでも動揺を誘って、破たんさせることが骨子である。

「機動破壊」という表現は、走ることによって「木端微塵」に粉砕することを連想させてしまうが、じつはそうではない。健大高崎が描いている「破壊」とは、浜辺に作った「砂の城」

が、何度も何度も打ち寄せる波に「浸食」され、徐々に崩されていく様なのである。

「木端微塵」に粉砕していくのではなく、徐々に徐々に、ボクシングのボディブローのようにダメージを与えていく。

そして、「機動破壊」を実行するために、葛原コーチは「4Ｄ条件」という考えを掲げている。

①Ｄｅｆｅｎｓｅ（防御）緊迫感なくして心理戦は戦えない
②Ｄｅｔｅｃｔｉｏｎ（探知）相手を探り、弱点のターゲットを絞り込む
③Ｄｉｓｒｕｐｔｉｏｎ（攪乱）データの裏付けからの戦術・戦法を駆使する
④Ｄｅｓｔｒｕｃｔｉｏｎ（破壊）波状攻撃で神経を衰弱させ、一気にたたみかける

やはり、一番先にくるのは防御だ。ディフェンスなくして、機動破壊は始まらない。

そして、葛原コーチの得意分野となるのが②の探知である。相手の分析にかけては、おそらく高校野球界でトップレベルと言っていいだろう。球種のクセからけん制のクセまで、ありとあらゆるものを分析する。「盗塁はスキルだけでは絶対に走れない」と言い切る。

「よく、指導者に『盗塁のコツを教えてください』と聞かれるんですけど、そんなのが

あったら、おれが知りたい。何メートルリードしたらとか、こうやってスタートを切ったらというだけでは、盗塁は決められません。やはり、心理戦です。相手の心理をどう読むか、どうやってクセを見つけるか、そこに尽きます」

いくつかの例を挙げると、セットポジションに入ってからの「ボールを持つ秒数」「ヒジの角度」「グラブの高さ」「両足の開き幅」「顔の向き」などを見ておくと、たいていのピッチャーはクセが見えてくるという。

さらにチェックすべきはキャッチャーの動きだ。個人的に「なるほど!」と思ったのは、ミットの構え方である。キャッチャーが「けん制」のサインを出したときは、ホームに絶対に投げてこないとわかっているので、ミットをしっかりと構えない。逆に、投球のときはミットの面をピッチャーに向けて、「ここに投げてこい」と要求する。

また、真ん中低めに構えて、「低く」というジェスチャーを見せたら、たいていはタテ系の変化球となる。ワンバウンドする可能性が高いピッチャーのときは、盗塁成功の可能性が高まる。

試合前には、葛原コーチが中心となって、実際の映像を使いながらミーティングを開く。「このときはけん制がこない」というクセがわかっているからこそ、迷いなく走ることができるわけだ。

〈塚原謙太郎トレーナー〉
『機動破壊』を生み出すトレーニング法
腕をハの字に振り、足を踏み下ろす

最後は、塚原トレーナーの登場。東北福祉大のＯＢで青柳監督の後輩にあたることもあり、創部した頃からトレーニング方法や体の使い方を指導している。取材当日、下級生に走り方を教えていたので、その一部を写真とともに紹介したい。

①八分走→八分の力で１００の力を出す

40メートルの距離を八分の力で走る。全力で走らないのがポイント。

「八分の力で１００の力を出すための練習です。全力で走って、50メートル６秒５で走るのなら、八分の力でも６秒５で走る。それをするためには筋力を上げて、体の出力を上げていく必要があります」

だからこそ、トレーニングで体を強く、大きくしていく。

走り方のコツは「へその前で交差させるように、ハの字に手を振る」。肩甲骨が斜め前の角度で付いているので、ハの字を意識したほうが、無理なく腕を振ることができる。

「上半身と下半身は連動しているので、腕を振れば、勝手に下はついてきます」

下半身は、足の裏で地面をしっかりと踏むことが重要。踏むことによって、前に進んでいく。

②開脚→股関節の可動域を広げる

足を開いて、つま先を立て、両足の足首を結んだ線よりも後ろに骨盤がくる姿勢を作る。この姿勢から、上体を前に倒し、ヒジが地面に着くのがひとつの合格ラインとなる。これができないと、走ったときに骨盤が後傾してしまい、進行方向に力を伝えることができない。また、股関節の柔軟性にも関わってくる。

「股関節の可動域が広がれば広がるほど、力の出し方が変わってきます。小さい可動の中で使うよりは、大きい可動の中で使ったほうがいい、ということです」

一方では可動域が狭くても、速く走れる選手もいるという。「体が硬いけど、体が強いタイプ」に見られる傾向だそうだ。でも、こういう選手には欠点がある。

「速く走れるけど、瞬時に止まるのが苦手。止まるときに使うのはヒザではなく股関節で、股関節の可動が大きいほうが止まりやすくなります」

選手にはこんな表現で、止まることの重要性を伝えている。

「自分の中にブレーキング動作を作っておこう。自転車でもブレーキが効くから、スピードを出すことができる。ブレーキが効かない自転車に乗っていたら、怖くてスピードを出せないでしょう?」

止まれるから、スピードを出せる。止まるためにも、股関節の柔軟性が重要となる。

③バック走→大きな筋肉を使う（写真P207）

バック走でできるだけ速く走る。頭を進行方向に倒し、尻、股関節、太ももの裏、背中を使って、走っていく。頭・背中・足でアルファベットのCのようなアーチを作れるのが理想だ。

「バック走をやると、大きな筋肉を使わないと進んでいかないことがわかります。走れない選手は、体よりも後ろに足が来ていない。尻の筋肉を使えていない証拠です」

④棒跳び（横跳び／両足打ち／前後跳び／シザーズ）→地面を踏む感覚を養う（写真P208）

地面に長細い棒を置き、足裏の前側を使って、リズムよく飛んでいく。なわとびをやるイメージを持つとわかりやすい。

「ここで、地面を踏む感覚を覚えていきます。膝の屈伸は使わずに、できるだけ短い接地時間で跳ぶのが理想です。」

横跳び（＝両足揃えて左右にジャンプ）、両足打ち（＝足を開いて・閉じてをくり返す）、前後跳び（＝両足揃えて前後にジャンプ）、シザーズ（腕振りを付けて、片足ずつ棒を跳び越える）などのメニューがある。

⑤腕立て伏せ（片足引き寄せ／両足引き寄せ）→足の入れ替えを覚える（写真P210）

腕立て伏せの姿勢から、片足を大きく前に踏み出す。踏み出したときには、足の裏全体を地面に着ける。この動きを片足ずつ交互に繰り返す。ヒザを前に出して、足を入れ替えるための練習で、入れ替えるときは上体を起こさずに、腕立て伏せの姿勢のままやることが重要。ゆっくりやるバージョンと、リズムよく入れ替えるバージョンの2種類がある。

次は、両膝を胸に引きつけ、その場でしゃがむ。腕立て・しゃがむ・腕立て・しゃがむをくり返していく。しゃがむときには、手を地面から離したほうが、しゃがむ姿勢を取りやすくなる。かかとをつけてしゃがめない選手は、骨盤が硬い証拠で、走っているときに後ろ重心になりやすい。

⑥踏みおろし→地面を踏む感覚を養う（写真P211）

見た目は「もも上げ」だが、意識は「踏みおろし」。足を踏みおろし、地面を踏むことによって前に進む感覚を養っていく。踏み下ろすときに後ろに重心が乗る選手は、速く走ることができない。こういう選手は、股関節の可動域を広げる開脚に取り組む。

⑦片足バウンディング→地面からの反力を得る（写真P211）

塁間の距離を、片足だけのケンケンで進む。合格ラインは11歩。50メートル走5秒8で走る、チームイチの俊足・今井佑輔は10歩で到達した。足の速さと比例することが多い。

「地面を踏む力と、浮いている足を体に引き寄せる力で進んでいきます。地面からの力を得られている選手は、一歩の距離が長い。注意点としては、足に負荷がかかるメニューなので、毎日やる必要はありません」

⑧倒れ込みダッシュ（パートナー／一人）→体幹から体を倒す（写真P212）

スタートの一歩目につながる練習。真っ直ぐ立った状態から、そのまま体を倒し、「倒れそうになるから、足が一歩出る」という感覚をつかんでいく。このとき、尻が後ろに引けたり、頭が下がっていたりすると、一歩目がスムーズに出なくなる。練習法としては、写真のようにパートナーに体を押してもらい、2〜3度押されたあとに、スタートを切る。これをやると、スタート時の姿勢を作りやすくなる。

倒れ込む感覚を得たあとは、ひとりで実戦。右足を引いた状態でスタート姿勢を取り、次に左足を後ろに引くと、前傾姿勢が自然に作られ、一歩前に足が出る感覚をつかみやすくなる。塚原さん曰く「体幹からそのまま倒していくイメージ」とのことだ。

⑨横向きスタート→進行方向に体を切り返す（写真P213）

盗塁をイメージして、横向きの姿勢からスタート。パートナーに左半身を押してもらい、スタートのきっかけを体感する。ポイントとしては、進行方向にすぐに上半身を向けることと、体幹を真っ直ぐにしたまま一歩目を踏み出すこと。⑧で覚えた動きを、ここで生かす。

⑩コーナーリング→体を倒す感覚を養う（写真P214）

グラウンドに写真のような直線と円を描き、これを目安にベースランニングを行う。体を傾けることによって、コーナーを回りやすくなる感覚を養っていく。

「ずっと全力で走っていたらコーナーは回れないので、加速・減速・加速の切り替えが重要になります。打ったときは全力で走り、そのあとは打球を判断するために減速し、カーブに入るところでまた加速していく。このとき、右手をしっかりと振ることによって、遠心力に負けずに回ることができます」

本塁から一塁に行き、円をグルッと回るパターンもあれば、円を回ってから二塁に向かうパターンもある。何度も何度も走る中で、スピードの切り替えと、体の倒し方を学んでいく。

最後に、青柳監督の言葉を紹介して、第七章の締めとしたい。

「機動破壊は基本的には弱者の戦法です。だから、機動破壊が目立っているうちは日本一にはなれません。機動破壊も使ったうえで、いかにスケールの大きな打線を作っていけるか。ただ、これが難しいところで、うちの場合はランナーを気にしながら打ったり、追い込まれたらノーステップで対応したりしているので、なかなか強打者が育ちづらい。かなり制限がかかったところで、バッティングをしています。このあたりのバランスをどう考えていくかですね」

機動破壊をベースにしたうえで、健大高崎の野球がどう変わっていくのか。

この春の関東大会では4試合で39得点を奪い、6年ぶり2度目の優勝を遂げた。決勝のスタメン9人の通算本塁打は何と231本。主砲の山下航汰は71本を放っている。今年の打線は「健大史上最強」との呼び声が高い。

目標の全国制覇に向けて、進化を遂げる健大高崎。もしかしたら、数年後にはまた違ったスローガンが生まれているかもしれない。

チーム作り
打撃
投手
守備
捕手
走塁
体作り

バック走

動

頭、背中、足でアルファベットの「C」のようなアーチを作るイメージで行う。

頭を進行方向に倒し、尻、股関節、太ももの裏、背中を意識してできるだけ早く後ろ向きに走る。

棒跳び

動

地面に置いた棒を足裏の前側を使ってリズムよく飛んでいく。横跳び（＝両足揃えて左右にジャンプ）、両足打ち（＝足を開いて・閉じてをくり返す）、前後跳び（＝両足揃えて前後にジャンプ）、シザーズ（腕振りを付けて、片足ずつ棒を跳び越える）などのメニューがある。

腕立て 動

①腕立て伏せの姿勢から、片足を大きく前に踏み出す。踏み出したときには、足の裏全体を地面に着ける。この動きを片足ずつ交互に繰り返す②両膝を胸に引きつけ、その場でしゃがむ。腕立て→しゃがむ→腕立て→しゃがむをくり返していく。

踏みおろし　動

足を踏みおろし、地面を踏むことによって前に進む感覚を養っていく。踏み下ろすときは重心を前に乗せることを意識しよう。

片足バウンディング　動

塁間の距離を、片足だけのケンケンで進む。合格ラインは11歩。

倒れ込み 動

真っ直ぐ立った状態から、そのまま体を倒し、パートナーに体を支えてもらう。２～3度押してもらって「倒れそうになるから、足が一歩出る」という感覚をつかんだらスタートを切る。倒れ込む感覚を得たあとは、ひとりで実戦しよう。

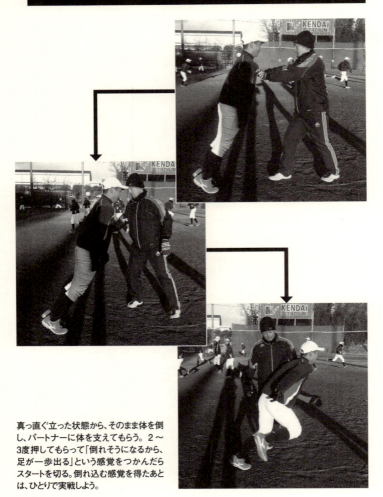

横向きスタート

横向きの姿勢からパートナーに左半身を押してもらい、スタートのきっかけを体感する。進行方向にすぐに上半身を向けること、体幹を真っ直ぐにしたまま一歩目を踏み出すことを意識しよう。

コーナリング 動

グラウンドに上図のような直線と円を描き、これを目安にベースランニングを行う。体を傾けることによって、コーナーを回りやすくなる感覚を養っていく。

広島東洋カープ

田中広輔「走塁技術」

「失敗」という経験が走塁技術を上達させる

昨季、35盗塁をマークし、初の盗塁王に輝いた田中広輔。その裏には、河田雄祐コーチ（当時）による的確な技術指導があった。どんなアドバイスで、走塁が変わったのか。その一部を明かしてくれた。

“プロの極意”
現役プロ野球選手が語る技術論

田中広輔の「走塁技術」とは?

一

帰塁ができるから、スタートを切れる

「このリード幅なら戻れる」という自信があれば、「けん制で刺される」不安がなくなる。その結果、スタートに集中できる。いつでも帰塁できるという意識が、走塁に余裕を生み出す。

二

少しでも早く、左足を二塁に向けて真っすぐ出す

スタート時は左足をいかに早く、二塁方向へ真っ直ぐ出せるかがポイント。リード時は一、二塁間を結んだラインより半歩下がり、右足をさらに下げることで左足を出しやすくする。

三

体は二塁方向を向き、目だけはピッチャーを向く

リード時、体がある程度二塁方向を向いていれば、腰を90度切らなくても左足を真っすぐ踏み出せる。その上で、目だけはピッチャーを向いてしっかりと帰塁できる準備をしておくことも大切。

四

バッターのインパクトに合わせて右足を浮かせる

盗塁しないときはバッターのインパクトに合わせて右足を浮かせる。こうすることで、進塁、帰塁の判断がコンマ何秒か、早くなる。

五

最後は、次の塁を狙う「勇気」が差を生む

盗塁も走塁も、つねに先の塁を狙う意識が必要。失敗を恐れていては決して上達しない。失敗は、経験として蓄積することで次につながる。その経験がその後の状況判断にも役立つ。失敗経験がないと、判断材料も増えてこない。

盗塁成功のカギは「帰塁」にあり
河田コーチとの出会いが大きな転機に

――2017年に35盗塁をマークして、入団4年目で自身初の盗塁王に輝きました。これだけの盗塁を成功させた要因はどこにあるのでしょうか。

田中 経験を重ねる中で、気持ち的に余裕ができたのが大きいです。焦って、走ることが少なくなりました。盗塁のサインが出ていたとしても、「スタートが悪ければ無理に走らない」ということができるようになってきました。

――サインが出ているからといって、無理にスタートを切る必要はないわけですね。技術的なポイントはどのあたりに置いていますか。

田中 いっぱいあるんですけど、一番重視しているのは帰塁ですね。「帰塁ができるからスタートを切れる」という考えです。

――なるほど。まず、スタートのことを考えがちですけど、その前に帰塁がある。

田中 けん制に対して、「このリード幅なら戻れる」と自信があれば、「けん制で刺される」という不安がなくなります。その結果、スタートに集中することができます。

――それはプロになってからの考え方でしょうか。

田中　そうです。でも、プロ入り当初はいいスタートを切ることしか考えていませんでした。簡単にいえば、速く走ればいい。その考え方が変わったのは、2016年に河田（雄祐／2018年からヤクルト一軍外野守備走塁コーチ）さんが守備走塁コーチに就任されてからです。

――入団1年目からの盗塁数を見ると、2014年＝10個、2015年＝6個、2016年＝28個、2017年＝35個。河田さんに教わるようになってから、一気に増えているのがわかります。

田中　リードの歩数、リード時の姿勢、帰塁のやり方、一歩目の切り方など、出塁したときの決まりごとが増えて、それによって落ち着いてリードを取れるようになりました。

――それぞれのポイントを教えていただけますか。

田中　リード幅は、普通に歩いて4歩です。(図P224)

――普通に、ですか？

田中　ピッチャーを見たまま4歩。なるべく、ピッチャーの準備が整う前に出てしまうのが理想です。

――バックステップする（左足を右足の後ろに入れる）ランナーもいますが、田中さんの場合はやらないんですね。

田中　バックステップは意味がないと思います。そもそも、不自然ですよね。これも河田さんの教えで、それ以前はサイドステップするような感じで出ていたんですけど、「そんなに難しく出る必要はないでしょう」と言われました。

――「4歩」の根拠はどこにあるのでしょうか？

田中　帰塁できるリード幅が4歩ということです。左ピッチャーのときはこれより大きめに出たり、けん制のうまいピッチャーのときは少し狭めたりしますが、基本的には4歩と決めています。

――帰塁の技術によって、リード幅が変わってくるわけですね。

田中　そうなると思います。帰塁をうまくするには、まずは自分に合ったリード幅を見つけることです。

――帰塁のポイントはどこにありますか。

田中　これは数多くの練習を重ねるしかないと思います。河田さんが就任してから取り組むようになったのが、あえて逆を突かれた体勢から戻る練習です。「逆を突かれても戻れる」

とわかれば、スタートすることにも余裕が生まれます。

――帰塁はヘッドスライディングで戻っていますが、コツはありますか。

田中　足を使って、足で地面をしっかりと蹴って戻ることです。

――高校生の場合、飛んでしまう選手もいます。

田中　飛ぶと遅いので、足で蹴ることです。これは、逆を突かれても戻れるような練習をしていけば、自然に飛ばなくなると思います。ベースタッチは外野寄り。わずかな差かもしれませんが、ファーストのタッチが遅くなります。

リード時に体を二塁方向に向けるスタートは下に沈むようなイメージ

――ここからはスタートについて教えてください。一歩目を速く切るために、どんなことを考えていますか。

田中　左足をいかに速く、二塁ベース方向に真っ直ぐ出せるかです。真っ直ぐ出せないと、最短距離で走れなくなります。

――真っ直ぐ出すためにどのような工夫をしていますか。

田中　一塁と二塁を結んだオンラインよりも、半歩ほど後ろに下がってリードしたうえで、右足をさらに半歩引くようにしています。後ろに引いたほうが、左足を真っ直ぐ出しやすくなるという理由です。半歩下がらなくても真っ直ぐ出すことはできるんですけど、試合になると力みが生まれることもあるので、あえて下がるようにしています。体重は右足7、左足3ぐらいの意識です。

――あくまでも、二塁に行くことが前提ですね。

田中　もちろんそうです。

――試合の映像を見返してみると、体の向きも二塁方向に向けていますよね。

田中　完全にではないですが、体は二塁方向に向けて、目だけはピッチャーに向けているイメージですね。体がある程度、二塁に向いていれば、腰を90度切らなくても、左足を真っ直ぐ踏み出すことができます。(写真P225)

――その体勢から帰塁するのは簡単なことではないですね。

田中　だから、帰塁の練習が大事になるんです。

――NHKの『球辞苑』という番組で、2016年の被けん制数がリーグ1位という数字がありました。「けん制をさせている」という感覚ですか。

田中　いや、あくまでも常に盗塁を狙っている中での結果だと思います。ただ、体が二塁方向に向いていて、重心も右足にかけているので、ピッチャーからすると「けん制で刺せる」と思うのかもしれません。だから、けん制の数が多いのかなとも思います。

――なるほど、納得の考えです。次にスタートの話ですが、映像を見ると、右足を一塁方向に戻してから、左足を二塁方向に踏み出しているように見えます。あれは意識しているのでしょうか。

田中　意識した動きではありません。本当は右足を引きたくないんです。

――それは意外な話です。

田中　引くことによって、そこで滑る可能性もあるので、理想はその場で右足の向きを変えたい（つま先を二塁方向に向ける）。まだまだ、改善の余地があります。

――試合前にはチューブを使った2人一組のスタート練習をされていますね。お互い、腰にチューブを巻いて、田中さんがパートナーを引っ張るようにして、二塁方向にスタートを切っています。あれはどんな意図があるのでしょうか。

田中　重い人を引っ張ろうとするときに、上体が高いままではうまく引っ張れません。低い重心で、いかに下に入っていけるか。実際の試合でも、下に沈むような感覚でスタート

田中広輔のリード時の足の運び

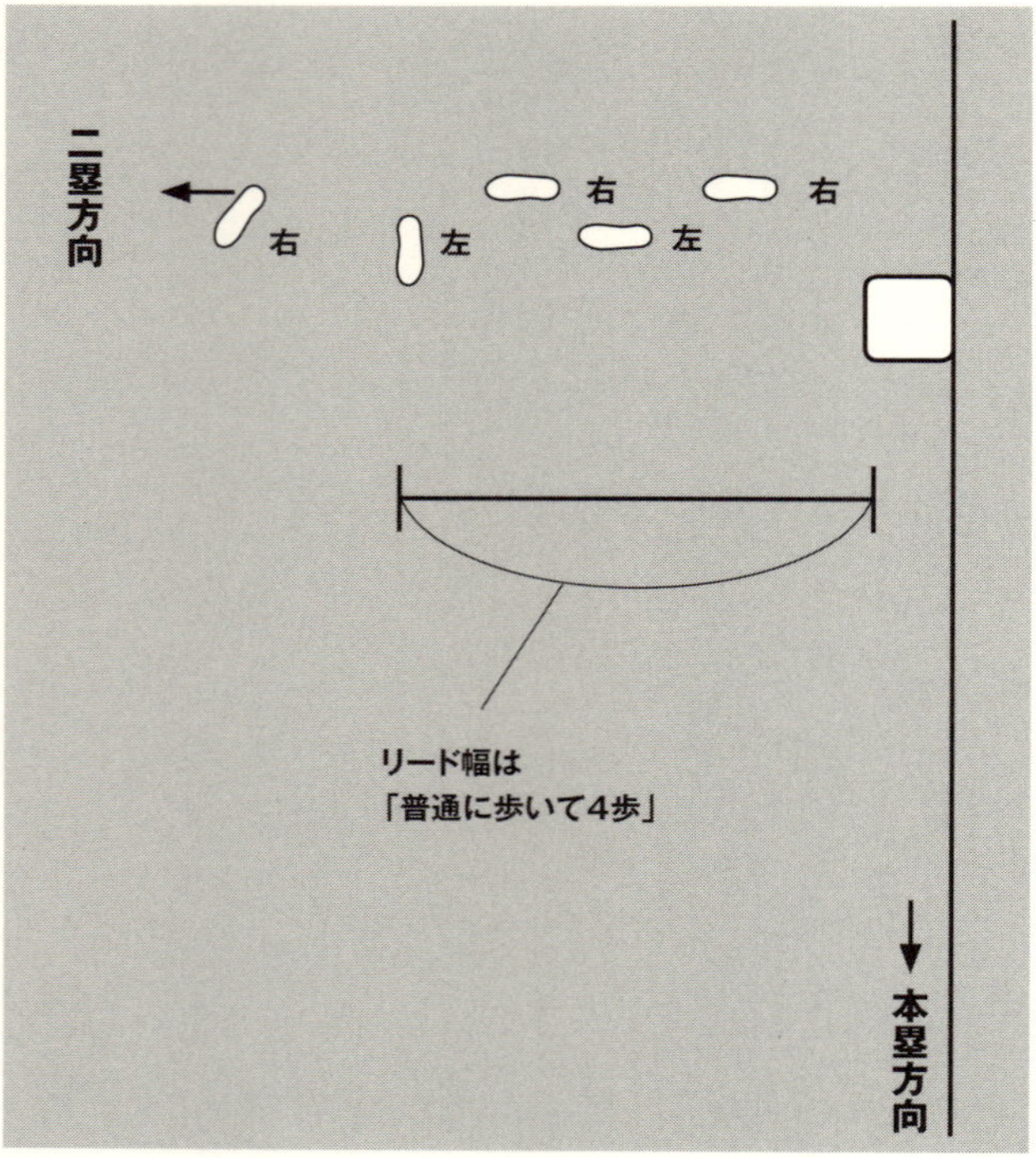

目線はピッチャーに向けながら、「普通に歩いて」4歩分リードを取る。ピッチャーが準備を始める前にリードを取り切ってしまうのが理想。多くの選手が行うバックステップ（左足を右足の後ろに入れる足の運び方）は、「不自然だし、意味がないと思う」と語る。

リードのときは体を二塁方向へ向ける

目線はピッチャーから外さず、体は二塁方向へ向ける。おへそが二塁を向いているくらいの意識。こうすることで、最初の一歩である左足が真っすぐ二塁方向へ踏み出しやすくなる。

を切っています。

――盗塁成功にはスライディングの強さ、速さも重要になっていますが、どのような考えで取り組んでいますか。

田中　滑ったあとに、二塁ベースをカベのように使って、すぐに立てるのが理想です。立つにはベースの近くで滑らないといけませんし、それだけの勢いが必要になります。

――スライディングは、どちらの足を伸ばしますか？

田中　ぼくは右足ですね。

――右足、左足の利点はあるのでしょうか。

田中　どうですかね、ぼくは右足のスライディングしかできません。右足を伸ばしたほうが、キャッチャーからの送球が顔に当たる危険はありますけど、あまり気にしたことはないですね。

「勇気」なくして盗塁成功はなし　スタートを切りづらい巨人・田口投手

――「盗塁で一番大事なのは勇気」という格言も聞いたことがありますが、やはり強い気持ち

がないと走れないものでしょうか。

田中　それが一番かもしれませんね。失敗を恐れないで、勇気を持って走れるかどうか。「暴走と好走は紙一重」とよく言いますけど、本当にそのとおりだと思います。でも、失敗をしていかないと、好走は生まれません。まずは、100パーセントの気持ちで前の塁を狙うことが大事だと思います。ぼくも何度も盗塁でアウトになるなかで、覚えることがたくさんありましたから。

――プロ野球の世界では、ピッチャーのクセをかなり研究するそうですが、盗塁成功のためにはクセを知ることはかなり重要になりますか。

田中　クセを見ないと、勇気を持ってスタートは切れません。「ヨーイドン！」のスピードが速ければ、ピッチャーの足が上がると同時にスタートを切ってもいいかもしれませんが、ぼくにはそこまでの足はありませんから。あとは、変化球を投げそうなカウントを読むことや、キャッチャーのサインを見ることもあります。

――プロのレベルでもクセは出るものでしょうか。

田中　ほぼ出ますね。

――カープのピッチャー陣をそういう目で見ることもありますか。

田中　ぼくが気づいていて、相手チームにばれていそうなときは伝えます。でも、クセはなかなか直るものではありません。それに、クセを直そうとするばかりに、ピッチングにも影響が出ることがあるのでなかなか難しいです。

――プロのピッチャーはグラブにボールをセットしながら、サインを見ている場合が多いと思います。高校生の場合は手にボールを持っているピッチャーが多いですが、このあたりでけん制に対する準備は変わるものですか。

田中　やっぱり、イヤなのは手に持っているほうですね。サインを見ながら投げてくることもあるので。

――今のプロ野球で、「けん制が上手い」と思うピッチャーはいますか。言える範囲で教えてください。

田中　そうですね、上手いと思うのは巨人の田口（麗斗）投手、ヤクルトの小川（泰弘）投手、ブキャナン投手あたりですね。この3人のときは、リード幅を狭めることもあります。ピッチャーとランナーにも合う、合わないがあって、田口投手の場合は、スタートが切りにくいです。

――2018年は、田口投手とのスタート対決に注目してみたいですね。

田中　ヤクルトのふたりはけん制がしつこい上に速い。なかなか走れません。

――ランナーの心理からして、けん制が速いのとクイックが速いのとではどちらが走りづらいものですか。

田中　それは、クイックが速いほうがイヤですね。こういうピッチャーは走れませんから。

――今、クイックがうまいピッチャーとなると誰が挙がりますか。

田中　どうですかね、セ・リーグだと……、誰かいますか？

――高校・大学の同級生でもある菅野投手（巨人）は？

田中　菅野の場合は、1球1球の間の取り方がうまい。けん制やクイックが速いというよりは、間を変えるのが上手ですね。

右足が浮いた状態でインパクト
失敗を恐れずに攻めの走塁を！

――盗塁以外の技術についても教えてください。インパクトでの「合わせ」は、どのように考えていますか。

田中　右足が着いてから判断していては遅いので、バッターのインパクトに合わせて、右足を浮かせるように心がけています。

——だいたい、シャッフル2歩で最後の一歩をインパクトに合わせるイメージですか。

田中　状況にもよりますけど、たいていはそういう感じですね。

——コーナーリングはどうでしょうか。右足、左足のどちらで踏んだほうがいいと考えていますか。

田中　練習では左足で踏むことを意識しています。ぼくはベースランニングのときに、遠心力によって力が外に逃げていく課題があるので、それを防ぐためにも左足で踏むようにしています。左で踏むためには、体を倒さないといけませんから。倒せば倒すほど、小さく速く回ることができると思います。

——なるほど、自分自身の課題とつながるところもあるわけですね。

田中　ただ、試合になればどっちで踏むかは気にしません。足が合うほうで踏んで、ベースは内側の角を踏むようにしています。

——二塁打、三塁打のときのコース取りはどうでしょうか。

田中　外野の間を抜けて、はじめから三塁打を狙うようなときは、「円」で走るイメージを持っています。打ったあとからあらかじめ膨らんで、一塁ベースに角度をつけながら入っていく感じです。ライト線やレフト線でギリギリ二塁打を狙えそうなときは、なるべく一塁に真っ直ぐ入っていき、ベースを蹴った勢いで二塁に向かうようにしています。どのベースを狙うかによって、走路は変えていますね。(図P232)

――最後に、田中選手のようにアグレッシブな走塁を目指す高校球児にメッセージをもらえますか。

田中　一番は失敗を恐れずに、攻めていくということです。そこでうまくいかなかったとしても、攻めた結果であれば次にどうしたらいいか考えることができます。何もしなければ、課題も何も見えてきませんから。勇気を持って、思い切ってプレーしてほしいと思います。

――今シーズンは2年連続の盗塁王、期待しています。ありがとうございました。

打球や狙う塁によってベースへの入り方は変わる

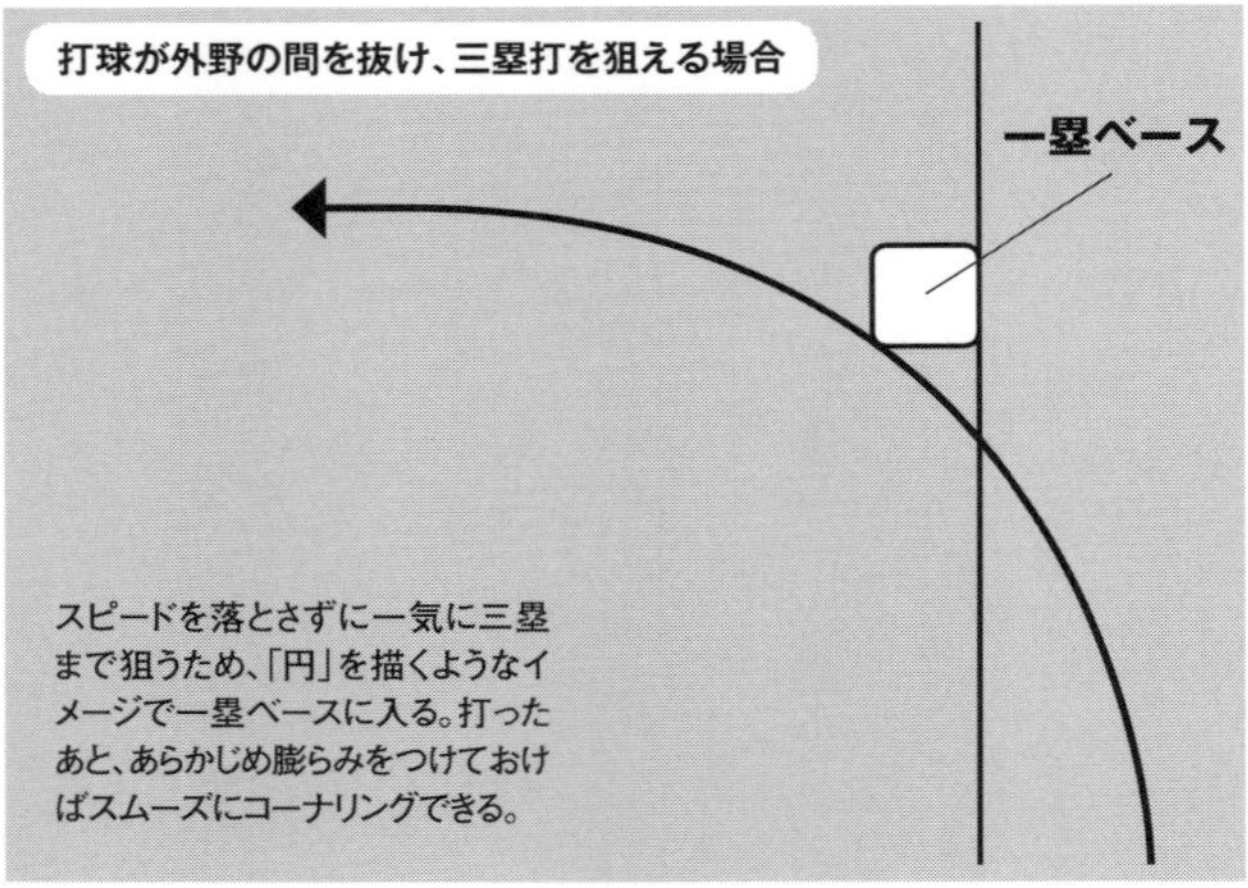
打球が外野の間を抜け、三塁打を狙える場合
一塁ベース

スピードを落とさずに一気に三塁まで狙うため、「円」を描くようなイメージで一塁ベースに入る。打ったあと、あらかじめ膨らみをつけておけばスムーズにコーナリングできる。

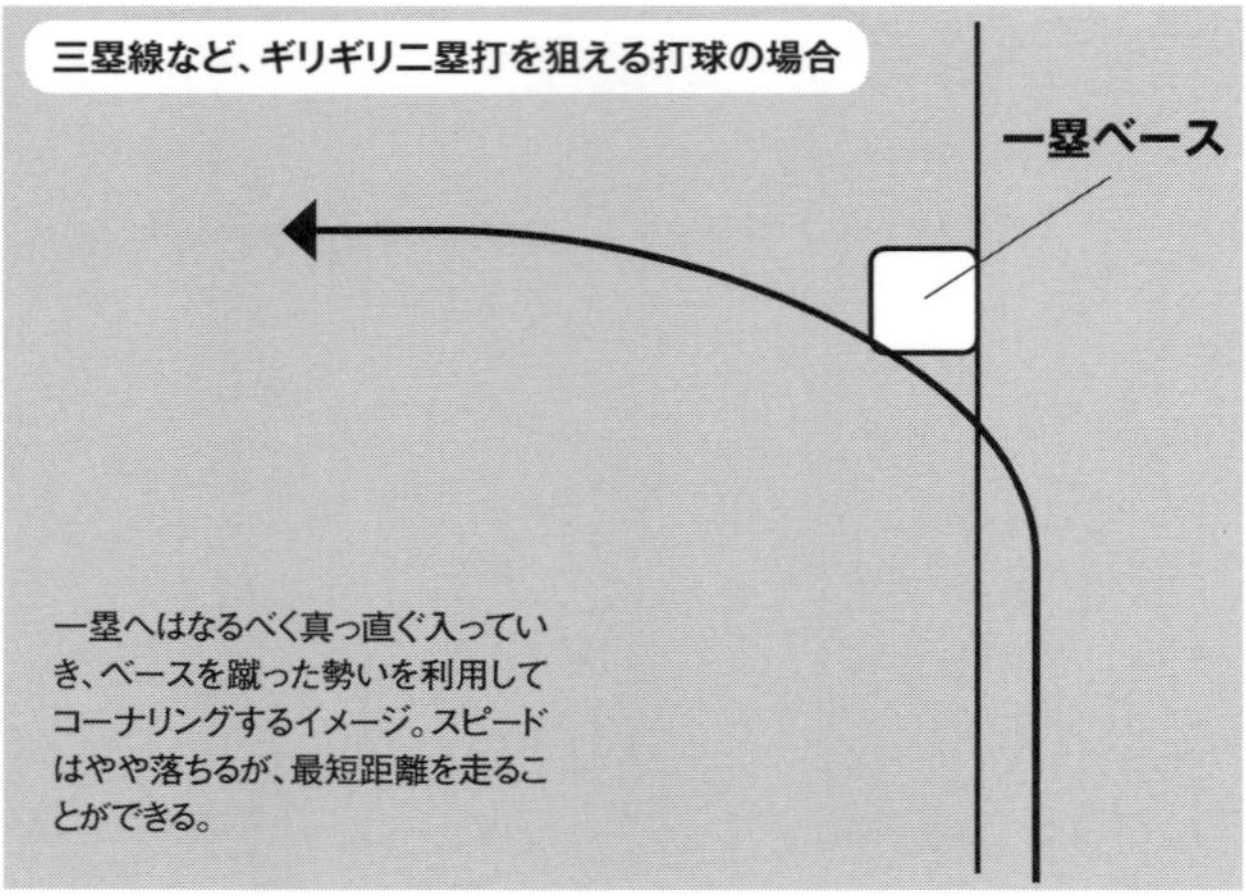
三塁線など、ギリギリ二塁打を狙える打球の場合
一塁ベース

一塁へはなるべく真っ直ぐ入っていき、ベースを蹴った勢いを利用してコーナリングするイメージ。スピードはやや落ちるが、最短距離を走ることができる。

※走行ルートはあくまでも「イメージ」です。

第七章

山梨学院

吉田洸二 監督

「トレーニング（体作り）」

トレーニングは体だけでなく 土壇場でのメンタルの強さも作る

清峰時代から体作りに定評のあった吉田洸二監督。山梨学院の監督になってからも、年々その考えは進化し、大きくて強い体を作り上げている。清峰でブームを巻き起こした「丸太」も健在である。

吉田洸二の「トレーニングメソッド」とは？

一

インターバル走は心の強化

過酷なインターバル走は、体力強化という側面はもちろんだが、メンタルトレーニングとしての位置づけの方が強い。選手に「あれだけやったんだから負けるわけがない」という意識を植え付けるのが狙い。

二

トレーニングと食事はセット

運動後30分以内の「ゴールデンタイム」に、しっかりとエネルギーを補給する。たくさん食べるだけではなく、タイミングも重要。長いミーティングは、練習→食事の後でいい。

三 食事は無理強いせず、「楽しく」食べる

食事自体は大切にしているが「ご飯何グラム」「何杯食べなければいけない」といったルールはもうけていない。あくまでも、食事は楽しく、美味しく食べる雰囲気を作る。

四 選手個々にあったトレーニングメニューが理想

選手によって、体のつくりやタイプ、課題も違う。そのため、理想は選手個々によって最適なパーソナルメニューを作ること。高校野球では難しいが、メニューの割合を変えるなどして、試行錯誤している。

五 体幹＋体の裏側を整える

腹筋や胸筋など、身体の前面の筋肉は自分でも意識しやすい。だからこそ、背中やお尻など、自分では気づきにくい部分や体幹といった「見た目」ではわかりにくい部分をしっかりと「整える」ことが大切。

インターバル走＝メンタル強化
火事場のバカ力を生み出す

毎年夏、山梨学院では3年生が中心になり、チームTシャツを作る伝統がある。２０１７年、その背中には3年生の想いがこもった言葉が書かれていた。

「みんなで乗り越えた１００本　どこよりもやってきた自信　この夏、甲子園で花を咲かす」

１００本とは、冬場に取り組んできたインターバル走のことを指す。全員で乗り越えた自信を胸に夏の大会にのぞみ、2年連続の甲子園切符をつかみとった。

「一番多いときで、２６０メートルのインターバル走を１００本やりました。何も持たないときが49～51秒で、丸太を持ったときが52～54秒。１本の間の休みはだいたい55秒。本当によく乗り越えましたよ」

合計26キロ。ここまでやらせ切る監督はなかなかいないが、それをやってしまうのが吉田洸二監督のすごさといえる。

「人間は呼吸が苦しくなって、無意識に『はぁはぁ……』となりだしたときが、一番メンタル的に苦しいものです。それを作り出すのがインターバル走。追い込まれた状況の中で、どうやって乗り越えていけるか。別の表現を使えば、火事場のバカ力を出すトレーニング。体力の強化よりも、メンタルトレーニングとして考えています」

清峰で有名になった丸太トレーニングも、「あれで野球がうまくなるわけではない。丸太もメンタルトレーニングです」と言い切る。最後の夏、「苦しいトレーニングを乗り越えてきた！」という自信があるチームほど、覚悟を決めて戦うことができるという。

「昨年夏、一番苦しかったのが準々決勝の甲府工との試合です。劣勢の展開で、選手たちは『あれだけ走ってきたんだから負けるわけがない！』と言い合っていました。その結果、8回に2点差をひっくり返して、5対4で勝利。これこそが、本当のメンタルの強さだと思うんです。それに、監督である私自身も『これだけやってきたんだから、あとはベストを尽くそう』と思えるものです。ある種のお守りみたいなものですね」

これがプロ野球の世界になればまた別なのだろうが、高校生は精神的にまだまだ不安定で、ひとつのミスで試合の展開が一気に変わることが多々ある。崩れない精神力をいかにして養うか。指導者によっていろいろな考え方はあるが、吉田監督はインターバル走こそ、心を強くする最高のメニューだと思っている。

取材日（12月中旬）にも、練習の最後にインターバル走が組まれていた。今年の冬は山梨学院の野球場が改修工事を行っている関係で、グラウンドが使えず、この日は身延高校のグラウンドに出向き、合同練習が行われた。グラウンドを大きく1周×25本（残り5本のうち1本で丸太を持つ）のインターバル走を行った。設定は53秒。タイムオーバーすれば、本数には勘定されない。

始まる前に、吉田監督から諸注意があった。

「苦しいときに苦しい顔をしないこと」

なお、「25本」というのは走り終わってみてわかったことで、開始の段階では本数は告げられない。つまり、やっている選手は何本で終わるのかわからないなかで走っているということになる。これは、想像するだけでも精神的にきつい。

「清峰では、インターバルのことを『バル』と呼んでいました。冬場はどのタイミングでバルがあるのか、練習に行ってみないとわからない。朝から、毎日誰かが『今日、バルらしいぞ』とウソの噂を流していて、それだけでメンタルをやられてました。もう、本当にやめてほしかったですよ（笑）」

こう振り返るのは、吉田監督の長男・吉田健人コーチだ。清峰を卒業したあと、父親を追うように山梨学院大に進み、現在はコーチとして親子で野球部の指導にあたっている。

取材の前日には、「今年から始めた」という吉田監督発案の新しいトレーニングを行ったという。そう書くと、何やら最先端のトレーニングに思えるが、やったことはとてもシンプルなものだった。

「50メートル走10本、30メートル走10本。これを1本目から最後まで全力で走る。ただそれだけです。タイムは計りません。計らないなかで、どれだけ全力で走れるか。これはメンタルとともに、足を鍛えるトレーニングになる。真剣に走ってみてわかることですが、走っているときから太ももの裏が痛くなります。7～8割の力で走ると、太ももの表側の筋肉を使って、ブレーキをかけようとして走ってしまう選手が多い。だから、全力で走ることに意味があるんです」

表側はブレーキ筋、裏側（後ろ側）はアクセル筋と表現されることがある。走力を上げるには、いかに裏側を鍛えていくかがポイントになる。

「丸太は持たないんですか?」と聞くと、「丸太を持つと全力で走れないでしょう」と納得の答え。たしかに、丸太を持ってしまうと、腕を振ることができない。吉田監督の中では、「丸太を使う＝メンタルを鍛える」という方程式ができあがっている。

チーム作り
打撃
投手
守備
捕手
走塁
体作り

トレーニングと食事は常にセット「ゴールデンタイム」を有効活用

吉田監督の名言がある。

「監督の一言より、米一粒」

ミーティングをやるよりも早く、食事を取るほうが重要という意味だ。よく言われるように、運動後30分以内は「ゴールデンタイム」と呼ばれる。人間はトレーニングによって壊れた筋肉を戻そうとして、運動後に通常時よりも多くの成長ホルモンが分泌される。このときに、たんぱく質を入れることによって、疲労回復が早くなり、筋力アップにもつながっていく。それなのに長々とミーティングをしていたら、ゴールデンタイムを過ぎてしまう。そして、えてして、高校野球の監督の話は長い。

「トレーニングと食事はセット。今は食事に力を入れて、たくさん食べさせているチームが多いですが、それだけでは強い体は作られません。もちろん、トレーニングだけでもダメ。清峰の最初の頃はトレーニングだけガンガンやって、体がやせ細ってしまう苦い経験をしています」

転機となったのは、清峰の監督として2006年に出場したセンバツ甲子園。決勝まで勝ち進むも、横浜に0対21の歴史的大敗を喫して、悔しい準優勝に終わった。地元の佐世保に帰ると、野球部をバックアップしてくれている後援会の人から、「野球の技術で負けるのはしょうがないけど、田舎の子が体力で負けるのはおかしいだろう」と重い言葉をかけられた。たしかに、そのとおりだった。

この負けから、「トレーニング＋食事」を意識し始め、清峰の選手たちの体つきに厚みが出てくるようになった。佐世保の漁協に協力してもらい、炒り子を安く仕入れたり、生卵を安く買ったりと、さまざまなつながりを生かして食事に力を注いだ。

今、山梨学院で重宝しているのが牛乳だ。清峰時代から意識して飲むようにしていたが、寮生が多い山梨学院ではひとり1パックのマイ牛乳（1リットル）があり、それを1日で飲み干すようにしている。

「牛乳にはカルシウムとタンパク質が含まれていることに加えて、体の熱を下げてくれる冷却効果がある。個人的には最高の飲み物だと思っています。これは経験上ですが、牛乳を飲み続けていると痩せていた選手は厚みが出てくる傾向にあります」

また、試合後にはバナナと果汁100パーセントのオレンジジュースを口にして、翌日に疲労を残さないように努める。マスコミの取材があったとしても、可能なかぎり、取材の前に食べてしまう。取材を受けていたら、ゴールデンタイムが過ぎ去ってしまうからだ。

清峰は自宅からの通学生だけだったが、山梨学院はグラウンドのすぐ隣に寮が完備されている。そのため、放課後の練習後すぐに、軽食ではなく夕飯を食べられる強みがある。結構な量を食べているのかと思ったが、強豪校にありがちな「ご飯は何グラム」「何杯食べなければいけない」というルールはもうけていない。

「今の高校生は食べる量が少ない。これは推測ですけど、中学生のときから指導者に『たくさん食べろ!』と言われ過ぎているせいかなと思うんです。美味しく食べてこその食事。ワイワイ喋りながらでいいので、楽しい雰囲気で食べられるようにしています」

日大三・小倉全由監督の考えにも影響を受けている。2012年に組んだ高校日本代表で、小倉監督、吉田コーチの関係でともに時間を過ごして以来、親交が深い。「食事は美味しく食べるもの。無理に食べさせて苦しい思いはさせない」というのが小倉監督の根底にある。

「それでも、三高の選手たちはいい体をしていますよね。科学的なところはわからないですけど、ストレスがかかった状態で食べるのと、自ら好きで食べているのとでは、体への吸収力が変わってくるんじゃないですかね」

ただ、これまで数多くの選手を見てきた経験上、「早くたくさん食べられる選手＝体が強い」という傾向はあるようで、食べることの大事さは選手にしっかりと伝えている。

ストレッチポールで体を「整える」地元・長崎で初のトレーニング合宿

吉田監督へのトレーニングに関する取材は、これまで何度か行っている。ペースでいえば、1年に1回ぐらいの頻度だ。興味深いのが、取材に訪れるたびに新しいことに取り組んでいるということだ。山梨学院に赴任した当初は加圧トレーニングに力を入れて、昨年はタイヤ押しに時間をかけていた。

そして今、テーマにしているのが、「個々の体に合ったトレーニング作り」だ。理想はパーソナルメニューを作ることだが、さすがに高校野球では労力が必要になる。もっとシンプルな考えで、メニューの割合を変える試みをしている。

たとえば、トレーニングにかける時間の半分はチームで同じメニューをして、残りの半分はその選手に合った回数を設定する。体の裏側が弱い、体幹が弱いという選手がいれば、そこを強化するメニューを増やしていく。

「そうなると、指導者の『目』がより一層問われていくと思います。だいたい、高校生の場合は体幹や体の裏側が弱いことが多いですが、一般的には表を鍛えるメニューが多い。そうすることで、体のアンバランスが余計に進んでしまう。どこに重点を置いて鍛えていくかが、非常に重要だと思います。個々に目を向けるようになってから、いわゆる〝コア〟の部分が強くなった選手が増えています」

体幹＋裏側を鍛えるメニューについては、P248から写真と動画入りで紹介しているので、ぜひ参考にしてほしい。

では、どうやって、個々の体の強さ・弱さを見抜いていくのか。吉田監督が「これを見ると、わかりやすいですよ」とお勧めするのが半径2．5メートルの円を走る練習だ。

「体幹が弱い選手は遠心力に負けて、外に振られてしまいます。自分のスピードをうまくコントロールすることができない。こうした走りを見て、『この選手には体幹メニューの回数を増やそう』という感じで、さじ加減しています」

また、最近特に力を注ぐようになったのが、「整える」という観点だ。トレーニングで一番怖いのは、やりすぎによる故障である。練習から外れることになり、結果として体作りが遅れてしまう。

「甲子園で日本一になろうとすれば、ある意味ではケガのリスクと紙一重のところでトレーニングをしなければいけないと思っています。ギリギリのラインでどこまで追い込めるか。その一方で指導者が考えなければいけないのは、故障の予防です。私もようやくですけど、柔軟性や可動域の重要性に気づいてきました。そこに力を入れるようになってから、激しいトレーニングをしてもケガ人が出なくなっています」

「整える」で重宝するのがストレッチポールだ。ストレッチポールのうえに仰向けに寝た状態で、肩甲骨や骨盤の動きをほぐしていく。

「体がゆがんだ状態でトレーニングをしても、効果が薄いことがわかりました。今の子どもたちは猫背になっていたり、骨盤がゆがんでいたり、体が正しいポジションにないことが多い。そういう状態でやるから、ケガのリスクが増えてしまう。今はストレッチポールなくして、激しいトレーニングはできません」

取材当日には、選手たちが入念に柔軟体操を行う姿があった。取り組んでいたのは、足を大きく開いての開脚だ。よく見る体操であるが、山梨学院ではそこにひと工夫加えている。

「表現が難しいんですが、開脚したときに骨盤の上に上体を乗せてからやらないと、本当の意味で股関節の柔軟にはつながらないと、トレーナーの先生から聞きました。必ず２人一組で、パートナーがベルトの少し上あたりを押し込んでやるようにしています」

面白いもので、激しいトレーニングを行ったときほど、選手たち自らが時間をかけてストレッチポールや柔軟体操に取り組むという。

「『ちゃんとやっておかないと、ケガをしてしまう』という実感があるんだと思います。ほかの監督から、『高い意識を持って、ストレッチに取り組ませるにはどうしたらいいんですか?』と質問を受けるんですが、『それは、トレーニングでの追い込みが足りないから。追い込んでいけば、選手は本能的にやるようになりますよ』と答えています」

昨年12月には、長崎・佐世保で4泊5日のトレーニング合宿を行った。清峰時代によく利用していた古川岳での坂道ダッシュなどで、徹底的に心と体を追い込む。勾配の違う3種類の坂道を駆け上がり、およそ6時間走り切った。

「すべてのメニューを終えたとき、選手全員が泣いていました。私も思わず、もらい泣き。何で涙が出てきたのか……、言葉にしようとするとわからないんですよね。知らないうちに、涙がこぼれていました。泣いたのも、10年ぶりぐらいのことです。走るのが得意な子も苦手な子も、全員がひとつになってやり切っていました。私も選手も、『これだけのことをやってきた』という自信を持って、シーズンに入ることができます」

ただし、いきなり激しいトレーニングをすると、体が壊れてしまうのは明らか。インターバル走を中心に心身を鍛え上げてきたことと、整えることに力を入れてきた成果だと振り返る。

「ストレッチポールで体を整えていたことが大きかったと思います。今回は長崎にも持ち込んで、朝練ではポールの上に寝転がって体操をしていました」

年々、進化を遂げる吉田監督によるトレーニング。「冬の取り組みは、必ず夏の結果につながる」と自信を持って話す。3年連続の夏の甲子園出場へ、そしてその先にある全国制覇へ。チームは確実にステップアップしている。

体幹トレーニング① 足上げ

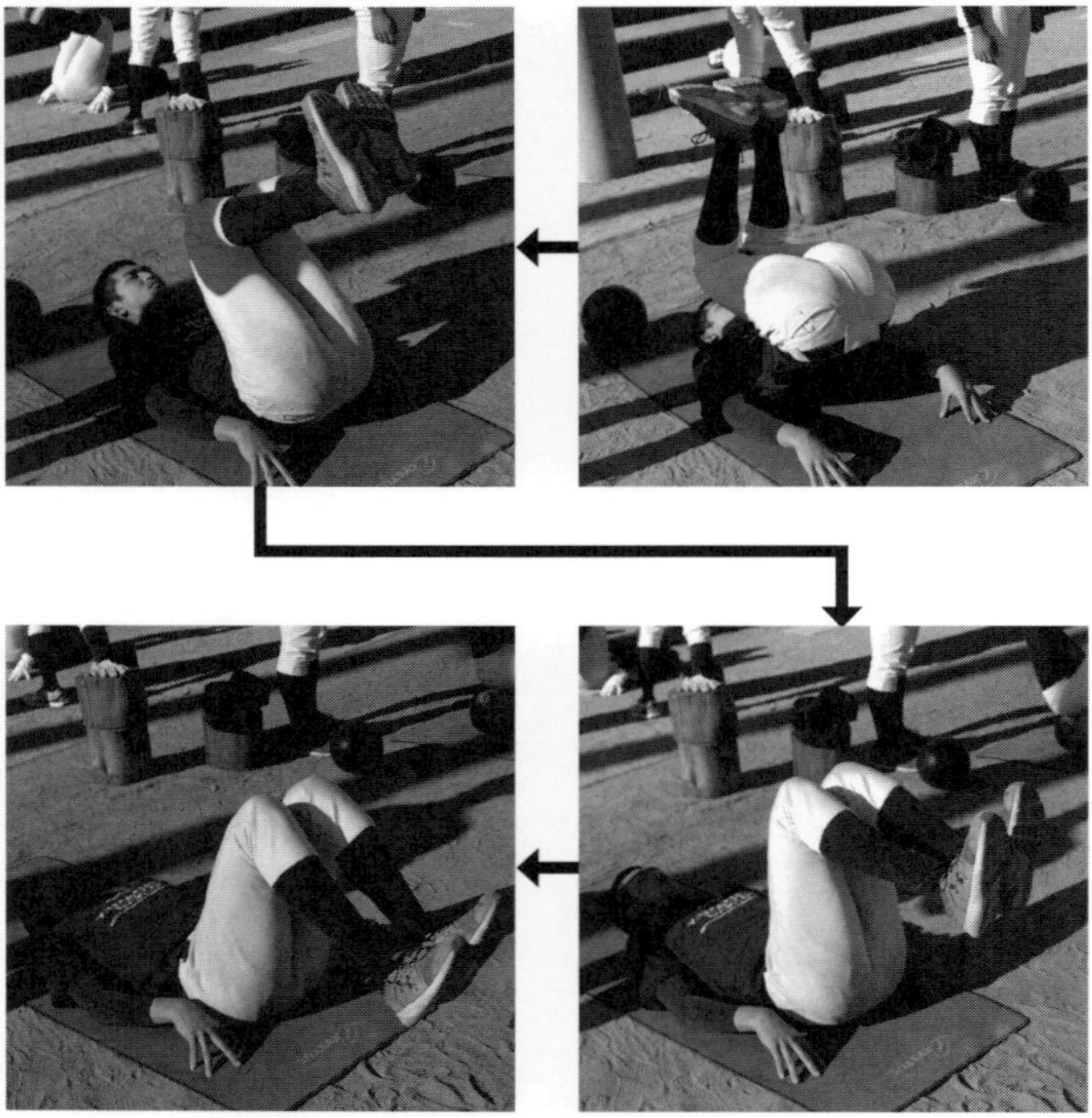

仰向けに寝て、両ヒザを曲げた状態からスタート。頭の上までゆっくりとヒザを上げていき、そのままスタート姿勢に戻す。足は地面に着けず、地面からギリギリ浮いた状態での上げ下ろしをくり返す。このとき、両ヒザの間にボールを挟み、5本の指先で地面を押さえておく（トレーニング2も共通）。「ボールを挟むだけで内転筋を鍛えることができ、体のコアも意識しやすくなります。また、指先で地面を押さえようとすると、腕の裏側が鍛えやすくなる。さまざまな効果が含まれるメニューになるように、動きを作っています」（吉田監督）

※ 10回×2セットが基本

体幹トレーニング②　4の字　動

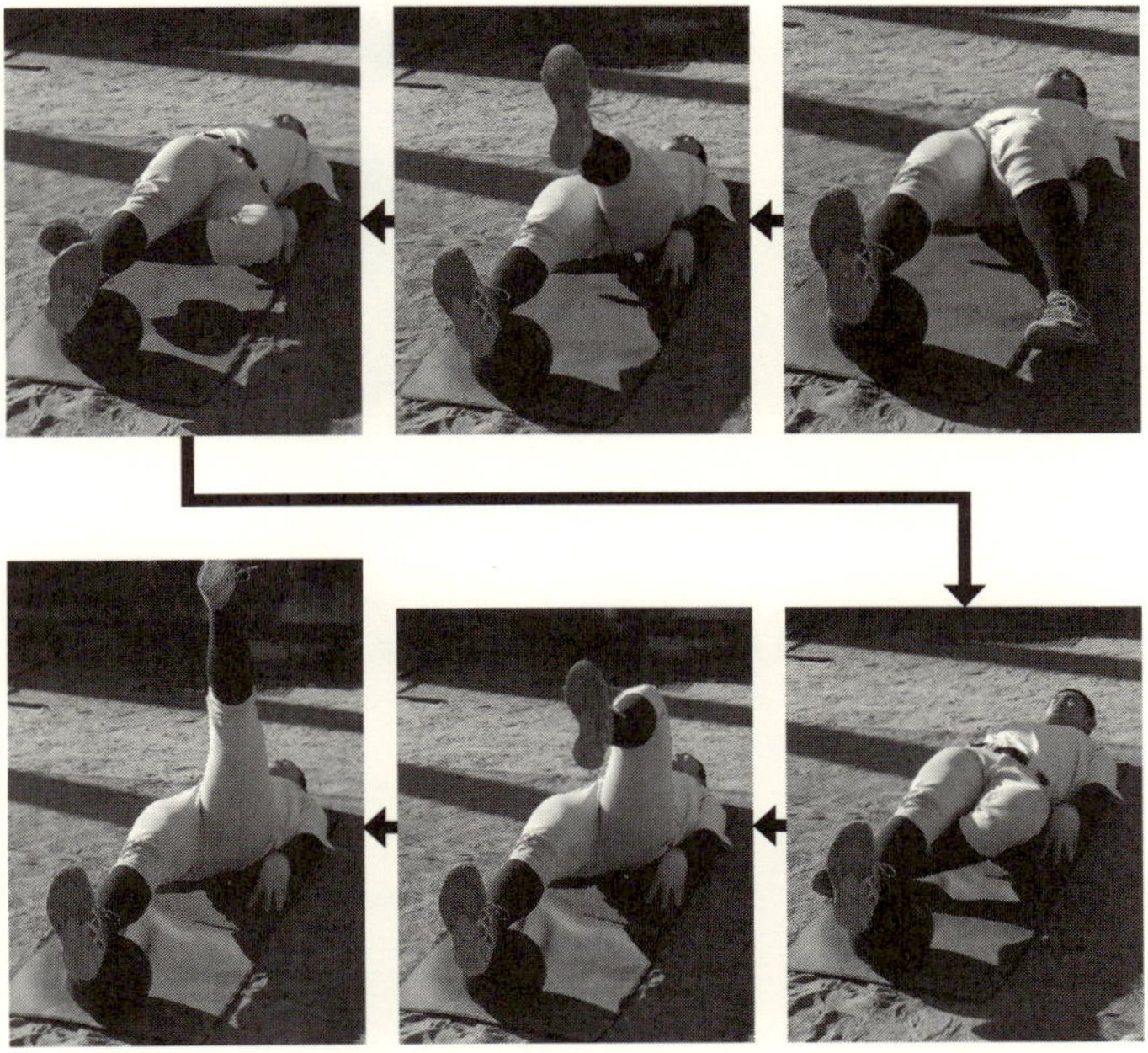

写真のように伸ばした足をメディシンボールの上に乗せ、一方の足を上げて・下ろして・内側にひねる動作を繰り返す。内側にひねったときには、数字の「4」を描いたような姿勢になる。ボールの上に足を乗せることで、バランスを取ろうとして、体の内側の小さな筋肉に刺激が入りやすくなる。

※ 10回×2セットが基本

体幹トレーニング③　180度回転　動

ソフトバンクの和田毅投手が取り組んでいたことで、話題になったトレーニング。右手と左足で体を支え、その2点を軸にして、体を180度上方向にひねる。これをリズムよく繰り返す。モデルになってくれたのは、体幹の強さはチームナンバー1と評判のエース垣越建伸投手。簡単そうにやっていたが、ほかのピッチャー陣はバランスを保つのに苦労していた。

※ 10回×2セットが基本

ストレッチポール

ストレッチポールの上で足を大きく開いて開脚する、肩甲骨や骨盤をほぐすなど、入念なストレッチを行う。これが、体の柔軟性を高めたり、可動域を広げることにつながる。

清峰高校時代から吉田監督の「代名詞」ともなっている丸太トレーニング。これも、「メンタル」を鍛えることが最大の目的だ。

装幀・本文デザイン　山内宏一郎（サイワイデザイン）
DTPオペレーション　株式会社ライブ
写真　浦 正弘
編集協力　花田 雪
編集　滝川 昂（株式会社カンゼン）
取材協力　株式会社横浜DeNAベイスターズ
株式会社広島東洋カープ
株式会社西武ライオンズ

プロフィール

大利 実（おおとし・みのる）

1977年生まれ、横浜市港南区出身。港南台高（現・横浜栄高）―成蹊大。スポーツライターの事務所を経て、2003年に独立。中学軟式野球や高校野球を中心に取材・執筆活動を行っている。『野球太郎』『中学野球太郎』『ホームラン』（廣済堂出版）、『ベースボール神奈川』（侍athlete）などで執筆。著書に『中学の部活から学ぶ わが子をグングン伸ばす方法』（大空ポケット新書）、『高校野球 神奈川を戦う監督たち』『高校野球 神奈川を戦う監督たち2 神奈川の覇権を奪え！』（日刊スポーツ出版社）、『101年目の高校野球「いまどき世代」の力を引き出す監督たち』『激戦 神奈川高校野球 新時代を戦う監督たち』（インプレス）がある。

高校野球界の監督《スペシャリスト》がここまで明かす!
野球技術の極意

発　行　日　2018年6月26日　初版
　　　　　　2020年6月5日　第3刷　発行

著　　　者　大利 実
発　行　人　坪井 義哉
発　行　所　株式会社カンゼン
　　　　　　〒101-0021
　　　　　　東京都千代田区外神田2-7-1 開花ビル
　　　　　　TEL 03(5295)7723
　　　　　　FAX 03(5295)7725
　　　　　　http://www.kanzen.jp/
　　　　　　郵便為替 00150-7-130339
印刷・製本　株式会社シナノ

ISBN 978-4-86255-447-5
Printed in Japan
定価はカバーに表示してあります。

ご意見、ご感想に関しましては、kanso@kanzen.jpまでEメールにてお寄せ下さい。
お待ちしております。